새가 궁금해!

데이비드 린도 글
클레어 매켈패트릭 그림
방경오 옮김

새가 궁금해!

데이비드 린도 글 | 클레어 매켈패트릭 그림 | 방경오 옮김

1판 1쇄 펴낸날 2022년 11월 25일

펴낸이 정종호 | 펴낸곳 (주)청어람미디어(청어람아이)
편집 여혜영, 박세희 | 마케팅 이주은, 강유은
디자인 이원우 | 제작·관리 정수진
등록 1998년 12월 8일 제22-1469호
주소 03908 서울시 마포구 월드컵북로 375, 402호
전화 02-3143-4006~8 | 팩스 02-3143-4003
ISBN 979-11-5871-206-8 77470
979-11-5871-194-8 (세트)

잘못된 책은 구입하신 서점에서 바꾸어 드립니다.
값은 뒤표지에 있습니다.

Original Title: **The Extraordinary World of Birds**
Copyright © Dorling Kindersley Limited, 2022
A Penguin Random House Company
Printed in China

For the curious
www.dk.com

글쓴이
데이비드 린도

'도시의 새 마니아'라는 별명을 가지고 있으며
도시에서 인간과 함께 살아가는 새들에 푹 빠져 어린 시절을 보냈다.
지금은 자연 보호 단체와 야생동물 보호 단체에 소속되어
활동하면서 자신이 사랑하는 멋진 새들을 다른 사람들에게
소개하는 일을 하며 살아가고 있다.

옮긴이
방경오

바른번역 소속으로 책을 옮기고 있다.
아홉 살 딸이 읽을 책을 옮긴다는 생각으로
한 문장 한 문장 아껴가며 옮기는 자칭 타칭 딸바보다.
옮긴 책으로 『바다가 궁금해!』,
『문북 : 달의 놀라운 비밀을 찾아 떠나는 특별한 여행』,
『당당한 육아』 등이 있다.

들어가며

여러분의 창문 밖에는 놀라운 새들의 세계가 펼쳐져 있답니다. 창문을 활짝 열어 보세요!

지금부터 저와 함께 새들의 매력 속으로 탐험을 떠나 봅시다. 새들은 깃털이 있고 부리와 날개 같은 다른 동물에게는 없는 신기한 특징을 갖고 있어요. 새들은 대부분 하늘을 날 수 있지만, 날지 못하는 새도 있지요. 날지 못하는 새들은 뛰어난 달리기 선수나 수영 선수가 되었답니다. 여러분이 한 번도 들어보지 못했던 황홀한 소리를 내는 새들도 있고, 아름답게 노래하는 새들도 있지요. 화려한 색을 자랑하는 새들도 있고, 은밀하게 몸을 감추거나 너무 희귀해 쉽게 볼 수 없는 새들도 있답니다. 새들은 끊임없이 우리를 놀라게 하는 동물이에요.

저는 어렸을 때부터 새를 정말 좋아했답니다. 여러분도 새를 좋아하게 되길 진심으로 바랍니다.

데이비드 린도

차례

4	**새는 무엇일까요?**	**50**	**새들의 서식지**
6	살아 있는 공룡	52	숲 서식지
8	새의 비행	54	얼음 나라
10	놀라운 새 둥지들	56	땅속에서 사는 새들
12	알과 새끼	58	해안 서식지
14	새들은 어떤 먹이를 먹을까요?	60	사막에서 살아남기
16	놀라운 특징을 갖춘 새들	62	도시에서 사는 새들
18	**새의 종류**	**64**	**인간과 새**
20	날지 못하는 새들	66	새와 인간의 관계
22	사냥용 새들	68	새와 지구
24	앵무새	70	위기의 새들
26	사냥을 잘하는 새들	72	새를 도와주세요
28	물가에 사는 물새들	74	새 관찰하기
30	바다에 사는 바닷새들		
32	나무 위에서 사는 새들	76	나라를 대표하는 새들
		78	용어 및 찾아보기
34	**새의 습성**	80	감사의 글
36	노래하는 새들		
38	뽐내기를 잘하는 새들		
40	위장에 뛰어난 새들		
42	굉장히 먼 거리를 이동하는 새들		
44	새들의 방어 방법		
46	어두워지면 활동하는 새들		
48	새들이 만들어내는 장관		

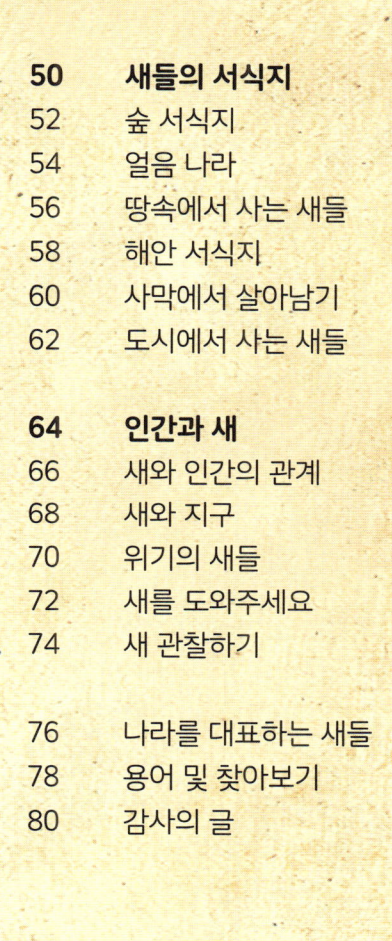

새는 무엇일까요?

우리가 '새'라고 부르는 동물은 몸집과 색깔, 체형이 매우 다양해요. 이렇게 다양한 모습을 한 새들은 각자 나름대로 놀라운 특징을 지녔답니다.

새는 살아 있는 공룡이랍니다. 놀랍지 않나요?
하지만 그보다 더욱 놀라운 사실이 있어요. 바로 새들의 특징이 서로 너무나도 다르다는 점이랍니다. 새들은 모두 깃털과 날개가 있어요. 하지만 하늘을 날지 못하는 새도 있지요. 즐겨 먹는 먹이도 다양하답니다. 그래서 새들의 부리는 각자 먹는 먹잇감에 알맞게 서로 다른 모양을 하고 있어요. 둥지의 형태는 물론 알과 새끼의 모습도 서로 다르지요. 이처럼 새들은 정말 다채로운 동물이랍니다!

암컷 상모솔새의 머리에는 **노란색 깃털**이 나 있어요.
수컷은 암컷보다 붉은 **주황색 깃털**이 나 있지요.

야생 비둘기
그 흔한 비둘기도
공룡의 친척이랍니다.

현재까지도 살아남은 공룡들
과학자들은 운석이 지구에 충돌해 공룡이 멸종했다고 믿어요. 하지만 일부 수각류는 운석 충돌의 피해로부터 살아남았지요. 살아남은 공룡들은 수백만 년이 흐르는 동안 1만 개가 넘는 종으로 진화했어요. 그것들이 바로 지금의 새들이랍니다.

살아 있는 공룡

우리 인간이 포유류의 후손인 것처럼, 새는 공룡의 후손이랍니다. 공룡의 혈통을 이어받았지요. 세월이 지나면서 새들은 서서히 진화를 거듭했어요. 그래서 결국 우리 주변에서 볼 수 있는 '새'가 되었답니다.

새의 비행

새만 하늘을 날 수 있는 건 아니에요. 곤충이나 박쥐 같은 동물도 날 수 있지요. 하지만 **진짜 하늘의 주인은 바로 새랍니다.** 새 중에는 짧은 거리만 잠깐씩 나는 새들도 있지만, 한 번에 몇 달씩, 몇 년씩 땅에 내려오지 않고도 계속 하늘을 날 수 있는 새들도 있답니다.

푸른머리되새

새의 뼈는 속이 **텅 비어 있지만** 강하고 매우 가벼워요. 그래서 하늘을 나는 데 유리하지요.

깃털은 아주 가벼워요. 자세히 보면 수많은 미늘이 촘촘하게 연결된 모양이에요.

새의 몸 구조

새는 비행에 딱 맞는 몸체를 타고났어요. 몸의 모든 부분이 새가 공중에 떠 있는 데 유리하도록 각자의 역할을 한답니다.

새의 꼬리는 공중에서 **방향을 바꾸거나 속도를 줄이는** 방향타의 역할을 해요.

새의 몸은 공기의 저항을 크게 줄여주는 완벽한 공기역학적 형태라서, 멋지게 하늘을 가르며 날 수 있어요.

참솜깃오리

칼새류는 하늘에서 사는데 어울리는 멋진 유선형 몸매를 타고났지요.

오스트레일리아 부비새

긴꼬리과부새

세상에서 가장 몸집이 큰 오리인 참솜깃오리는 **시속 70km로 날 수 있어요.**

아프리카 야자나무칼새

부비새는 **시속 60km의 속도로 바닷속으로 돌진해** 먹이를 사냥하지요.

이렇게 이상할 정도로 기다란 꼬리를 가진 새도 **날 수 있답니다.**

이 벌새는 **1초에 70번이나 날갯짓할 수 있어요.**

물까치라켓벌새

새가 나는 법
새는 날개가 있어서 하늘을 날 수 있답니다.
한 쌍의 날개를 펄럭이면서 지구의 중력을
거스르고 공중에 머물 수 있지요.

황조롱이는 **커다란 날개와 꽁지깃을 쫙 편 채로 먹잇감 주위를** 맴돌며 기회를 노리지요.

슴새는 먹잇감을 사냥할 때 긴 날개를 이용해 **수면 위를 미끄러지듯 날아간답니다.**

황조롱이

제비갈매기

사대양슴새

새가 나는 이유
새들이 그냥 재미로 하늘을 나는 걸까요?
아니에요. **적으로부터 도망칠 때, 먹잇감을 쫓을 때,
삶의 터전을 바꾸려고 먼 거리를 이동할 때**처럼
목적을 갖고 하늘을 난답니다.

제비갈매기는 긴 날개와 갈라진 꽁지깃이 있어 **우아한 자태로 공중에 떠 있을 수 있어요.**

캘리포니아 콘도르

하다다따오기

물까마귀는 하늘에서도 잘 날지만, 물속에서 헤엄도 칠 수 있어요.

흰수염바다오리

젠투펭귄

몸집이 크고 힘이 센 콘도르는 커다란 날개를 펼쳐 **유유히 활공하거나 공중으로 솟구치기도 해요.**

따오기는 넓고 커다란 날개를 **자주 펄럭이며** 하늘을 날아요.

흰가슴물까마귀

바다오리는 날개가 짧아서 공중에 떠 있으려면 열심히 **날갯짓해야 한답니다.**

펭귄은 하늘을 날지 못하는 새예요. 대신 물속에서는 노를 닮은 날개로 나는 듯 빠르게 헤엄치지요.

새가 나는 방식
새들은 여러 가지 방식과 속도로 하늘을 날아요.
**미끄러지듯 날기도 하고, 날개를 파닥거리기도 하지요.
하늘로 솟구치듯 날아오르는 새도 있어요.**

9

떼베짜기새들은 **몇백 마리가** 하나의 커다란 공동 둥지를 만들어 새끼들과 함께 모여 산답니다. 한 방에 한 가족씩 들어가 살지요.

떼베짜기새

놀라운 새 둥지들

새들은 대부분 **알이나 새끼들을 안전하게 기를 수 있는** 둥지를 만들어요. 새가 다양한 만큼 둥지도 아주 다양하지요. 새들은 온갖 이상한 것들로 둥지를 만들고, 온갖 이상한 장소에 둥지를 튼답니다!

훌륭한 건축가

새들의 둥지들을 살펴보다 보면, 매우 정교하게 만들어진 둥지들이 눈에 띄어요. 이 둥지들은 **놀라울 정도로 튼튼해서** 꽤 세게 당기더라도 망가지지 않지요. 새들은 오랜 시간 정성을 들여 이런 둥지를 만들어요. 여러 쌍의 가족들이 새끼들과 함께 모여 살 수 있도록 커다란 둥지를 만들기도 하지요.

수컷 바우어새는 나뭇가지들을 엮어 멋진 집을 만들어요. 그런 다음 암컷의 마음에 쏙 들 만한 **반짝거리는 물건들을** 주워 와서 둥지를 장식하지요.

그레이터바우어새

오로펜돌라의 둥지는 나무에 **대롱대롱** 매달려 있어요. 한 나무에 여러 개의 둥지가 매달린 모습을 쉽게 볼 수 있지요.

몬테수마 오로펜돌라

검은머리베짜는새는 **300개가 넘는 풀과 나뭇잎**을 주워 와 촘촘히 엮어서 둥지를 만들어요.

검은머리베짜는새

금빛제비는 자신의 **끈적끈적한 침**을 뭉쳐 암벽에다 둥지를 튼답니다.

금빛제비

흰제비 갈매기

흰제비갈매기는 **둥지를 만들지 않아요.** 그냥 나뭇가지 위에다 알을 낳는답니다!

황새

완벽한 장소를 찾아서

몸집이 작은 새들은 주로 덤불이나 나무 사이에 둥지를 숨겨두지요. 반대로 큰 새들은 탁 트인 공간에 커다란 둥지를 지어요. 완벽한 장소를 찾았다면, 한 번 지은 둥지를 **몇 년이고 계속** 사용한답니다.

황새가 만든 커다란 둥지는 말 한 마리의 **무게**와 맞먹는답니다!

유럽울새

도시가 많아진 오늘날, 매는 절벽 대신 **높은 건물 위에 둥지를 트는 법**을 터득했답니다.

매

울새는 깜짝 놀랄 정도로 색다른 장소에 둥지를 **숨겨두는 것**을 좋아해요. 새끼를 안전하게 기르고 싶어서랍니다.

바다에 사는 맹크스슴새는 **깊은 굴속에 둥지를 틀고** 밤에만 둥지를 찾아간답니다.

맹크스슴새

알과 새끼

새들은 모두 알을 낳아요. 한 번에 낳는 알의 개수는 새마다 다르답니다. 새들은 알을 낳은 뒤 **품속에서 알을 품어요.** 알을 깔고 앉아서 새끼가 부화할 때까지 따뜻하게 품어주는 거예요.

알은 제법 단단해요

알은 잘 깨질 것 같지만 생각보다 **매우 단단하답니다.** 안에 있는 새끼를 보호하기에는 충분하지요. 하지만 그렇다 해도 땅에 떨어지면 당연히 깨지고 말 거예요!

검독수리의 알

타조알

구멍이나 구덩이에 알을 낳는 올빼미나 키위 같은 새의 알은 대부분 흰색이에요.

올빼미의 알

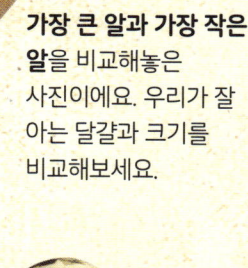
달걀

가장 큰 알과 가장 작은 알을 비교해놓은 사진이에요. 우리가 잘 아는 달걀과 크기를 비교해보세요.

붉은뇌조의 알

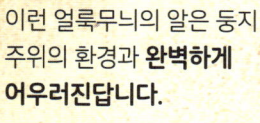
이런 얼룩무늬의 알은 둥지 주위의 환경과 **완벽하게 어우러진답니다.**

벌새의 알

붉은부리갈매기의 알

메추리 알

검은부리아비의 알

새매의 알

큰바다오리(멸종된 새)의 알

사막종다리

갓 태어난 새끼 사막종다리는 **머리카락 같은 깃털**이 나 있어요. 덕분에 사막에서도 체온을 유지할 수 있지요.

빨간다리자고새

자고새 새끼들은 **태어날 때부터** 깃털이 수북하게 나 있고 깡충깡충 뛸 수도 있답니다.

여러 모습으로 태어나는 새끼들

어떤 새의 새끼들은 태어날 때부터 **솜털로 덮여 있으며** 혼자서 뛰어다니고 먹이를 먹을 수 있어요. 하지만 털도 거의 없고 몸이 약해서 태어난 후 몇 주 동안은 부모의 보살핌을 온전히 받아야만 하는 새끼들도 있지요.

흰물떼새

흰물떼새 새끼는 부드러운 솜털과 **튼튼하고 긴 다리**를 갖고 태어난답니다.

흰머리수리

호아친

호아친의 새끼는 양 날개에 **뾰족한 발톱**들이 나 있어요. 그래서 나뭇가지를 쉽게 타고 오를 수 있지요.

흰머리수리의 새끼는 **몸이 약하고 앞을 보지 못한답니다.** 이렇게 나약하던 새끼가 커서 그렇게 강인한 새가 된다는 게 정말 놀랍지요?

우렁이솔개의 부리는 갈고리 모양이어서 **껍질 속에 숨은 우렁이를 빼 먹기 좋답니다.**

우렁이솔개

새들은 어떤 먹이를 먹을까요?

새들은 대부분 잡식성이에요. 육식도 하고 초식도 하지요. 새들은 먹이를 통해 살아가는 데 필요한 에너지를 얻어요. 특히, 하늘을 날고, 땅을 뛰고, 바다를 헤엄칠 에너지를 얻으려면 꼭 먹이를 먹어야 하지요. 새들은 다양한 방법으로 먹잇감을 장만한답니다.

딱따구리는 부리로 나무둥치를 쪼아 숨어 있는 **애벌레**들을 잡아먹어요.

오색딱따구리

붉은어깨말똥가리는 예리한 시각으로 **먹잇감을 찾아내지요.** 그런 다음 날카로운 발톱으로 먹잇감을 낚아챈답니다.

붉은어깨말똥가리

비오리

비오리는 부리 가장자리에 작은 이빨 같은 것들이 튀어나와 있어서 **미끄러운 물고기**를 놓치지 않는답니다.

먹잇감 찾기

새들은 눈으로 먹잇감을 찾아요. 어떨 때는 가까운 곳에 있는 과일이나 곤충을 손쉽게 찾아내 먹기도 하지만, 먹잇감을 찾아 먼 곳까지 날아가야 할 때도 있어요.

콩새

노랑딱새

칼부리벌새

씨앗을 먹는 새
콩새처럼 씨앗을 먹는 새들은 대부분 부리가 원뿔 형태예요. 단단한 씨앗을 아작아작 씹어 먹기 좋지요.

벌레를 먹는 새
딱새처럼 곤충을 먹는 새들은 부리가 얇아요. 그래서 곤충만 잡아먹는답니다.

단물을 먹는 새
벌새들은 꽃에다 기다란 부리를 꽂아 넣고 달콤한 단물을 빨아 먹는 것으로 유명하지요.

쇠백로

새들은 즐겨 먹는 먹잇감에 따라 부리의 형태가 각기 다르답니다. 게다가 새의 부리는 매우 가벼워요. 그래서 새들은 자신의 부리 모양에 어울리는 먹잇감을 찾지요. 이렇게 부리는 매우 중요한 기능을 한답니다.

새매

물고기를 먹는 새
백로처럼 물고기를 잡아먹는 새들은 대부분 부리가 칼처럼 뾰족해요. 그래서 물고기를 찌르거나 물어서 사냥하는 데 유리하지요.

육식을 즐기는 포식자들
매처럼 사냥에 능하고 강인한 새들은 부리가 단단하고 끝이 구부러져 있어요. 그래서 사냥한 먹잇감의 살점을 뜯어 먹기 좋답니다.

마도요

회색앵무

슈빌

틈새에 숨은 먹잇감을 찾아 잡아먹는 새
도요새처럼 숨어 있는 먹이를 사냥하는 새들은 긴 부리를 이용해 갯벌을 파고 진흙에 숨은 지렁이 같은 먹잇감을 잡아먹는답니다.

과일을 먹는 새
앵무새의 부리는 두껍고 갈고리처럼 휘어져 있으며 날카로워서 과일을 따 먹기 좋아요.

특이한 부리를 가진 새
어떤 새들은 아주 특이하게 생긴 부리를 가졌어요. 슈빌은 매우 특이한 생김새의 부리로 커다란 민물고기를 한입에 삼켜 버린답니다.

놀라운 특징을 갖춘 새들

전 세계에 서식하는 약 10,500종의 새들은 살아남기 위해 각자만의 특별한 능력과 특징을 가지고 있어요. 지금부터 과연 어떤 새들이 가장 훌륭한 능력을 갖추고 있는지 함께 살펴볼까요?

가장 큰 새

타조

타조알은 무려 **달걀 24개와** 맞먹는 무게랍니다.

가장 작은 새

벌새

가장 힘이 센 새

이 새들이 돌멩이를 주워 둥지로 나르는 이유는 아직 밝혀지지 않았답니다.

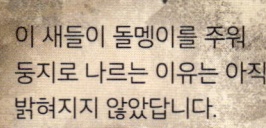

검은사막딱새

가장 큰 새

타조는 지구상에서 가장 키가 크고 무거운 새랍니다. 아프리카가 고향이지요. 수컷 타조는 무려 2.8m까지 자랄 수 있어요. 세상에서 가장 키가 큰 사람보다 더 크답니다.

가장 작은 새

세상에서 가장 작은 새는 벌새예요. 벌새보다 큰 곤충도 있을 정도지요! 수컷은 약 5.5cm에 불과하답니다. 암컷은 수컷보다 약간 더 커요..

가장 힘이 센 새

검은사막딱새는 몸집이 작아요. 하지만 새들이 역도 경기를 한다면 금메달은 분명히 이 새가 차지할 거예요. 수컷은 자기 몸무게의 2/3나 되는 돌멩이를 입에 물고 둥지로 날아올 수 있답니다.

날개가 **가장 긴 새**

나그네알바트로스

이 커다란 바닷새는 해마다 약 **120,000km**를 날아다닌다고 해요.

젠투펭귄은 펭귄 중에서 **세 번째로** 몸집이 크답니다.

최고의 수영 선수

젠투펭귄

최고의 비행사

매

날개가 가장 긴 새

세상에서 가장 날개가 긴 새는 바로 나그네알바트로스랍니다. 양 날개를 쫙 펼치면 끝에서 끝까지의 길이가 거의 3.5m에 달하지요. 소형 승용차와 비슷한 길이예요.

최고의 수영 선수

젠투펭귄은 날지 못하는 대신 헤엄을 엄청나게 잘 친답니다. 물속에서 무려 시속 36km로 헤엄칠 수 있지요. 세상에서 제일 빠른 사람인 우사인 볼트와도 견줄 실력이랍니다!

최고의 비행사

매는 세상에서 가장 빠른 새예요. 아니, 세상에서 가장 빠른 동물이지요! 먹이를 쫓을 때는 람보르기니 자동차보다도 빠른 시속 390km로 돌진한답니다.

마카우앵무는 **남아메리카**의 삼림 지역에 서식해요.

새의 종류

비슷한 특성을 가진 새들끼리 모으면 세상의 모든 새를 여러 개의 그룹으로 나눌 수 있어요. 이 그룹을 '과'라고 한답니다.

같은 과에 속하는 새들은 서로 비슷한 특성을 갖지요. 앵무과에 속하는 앵무새들이 서로 각양각색의 외모를 뽐내지만, 서로 밀접한 관련이 있는 것처럼요. 또한, 같은 과에 속하지만, 완전히 다르게 생겼거나 완전히 다른 환경에서 사는 새들도 있어요. 이처럼 비슷한 특성을 가진 새들을 모아두었더라도, 같은 과에 속하는 새들 사이에는 다른 점도 많답니다. 지금부터 이렇게 **다양하고 놀라운 새들의 특징**을 함께 알아볼까요?

날지 못하는 새들

새들은 대부분 날 수 있어요. 하지만 약 60여 종의 새들은 나는 능력을 잃어버렸답니다. **이 새들이 날지 못하게 된 것은 날 필요가 없는 환경에서 살아왔기 때문이에요.** 이 새들은 대부분 목숨을 위협하는 천적이 없는 섬 같은 서식지에서 살아왔답니다.

갈라파고스가마우지

갈라파고스가마우지는 섬에서만 살아요. 그래서 날개가 발달하지 못했지요. 이 새는 해안가의 바위 사이를 뛰어넘을 때 **균형을 잡으려고** 날개를 사용한답니다.

황제펭귄

펭귄은 물에서 살아요. 그래서 **날 필요가 없지요.** 황제펭귄은 다른 어떤 새보다도 물속 깊이 잠수할 수 있어요.

진화

날지 못하는 새들은 수백만 년에 걸쳐 서서히 모습이 변하거나 날지 못하도록 진화했어요. 하늘을 날아다니던 새들이 섬에 갇히면서 변화가 시작되었답니다. 자신을 해치는 천적도 없고 먹잇감도 풍부한 곳에서 사는 새들에게는 더는 날아다닐 필요가 없었던 거예요.

물론, 날 수 있는 새들도 땅을 걸어 다니거나 물에서 헤엄칠 수 있어요.

이 커다란 오리는 위험해지면 발과 작은 날개를 **노처럼 열심히 휘저으며** 도망친답니다.

붕어오리

에뮤는 달릴 때 작은 날개를 파닥거리며 **균형을 잡아요.**

에뮤

이 거대한 새는 **튼튼한 다리를** 갖고 있어 매우 빠르게 달릴 수 있어요. 사람보다 빠르지요.

타조

날지 못해서 슬픈 새들

날지 못하는 새들은 한 장소에 적응해서 잘 살아가고 있답니다. 하지만 서식지를 인간이 차지해버리는 것처럼, **서식지에 변화가 생기면** 살아남기 힘들어질지도 몰라요.

도도새

비둘기의 사촌인 도도새는 한 섬의 주인이었어요. 하지만 커다란 몸집 때문에 섬에 들어온 인간의 눈에 쉽게 띄어 **모두 사냥당하고 말았답니다.**

마카로니펭귄

체형도 달라졌어요

날지 못하는 새들은 대부분 **크고 뚱뚱하답니다.** 하늘을 날기 위해 공기를 가를 수 있는 **날씬한 몸매**와 텅 빈 뼈 구조가 필요 없어졌기 때문이지요. 대신 빠르게 달릴 수 있는 튼튼한 다리를 갖게 되었답니다.

큰바다오리

북극의 바다에 살던 큰바다오리는 주위에 천적이 없었어요. 그래서 **인간을 보고도 두려워하지 않았답니다.** 결국, 큰바다오리는 인간에게 멸종당하고 말았지요.

마카로니펭귄을 비롯한 펭귄들은 날지 못하지만, **몸은 유선형**이에요. **날개도 자주 사용한답니다.** 헤엄칠 때 큰 도움이 되니까요.

키위 중 가장 커다란 큰점키위는 커다란 몸에 비해 **보잘것없이 작은 날개**가 있지요.

큰점키위

웨이크뜸부기

어린 자이언트물닭은 날 수 있어요. 하지만 다 자라면 날지 못한답니다!

남아메리카의 **한 호수에만 서식**하는 주닌논병아리는 멸종 위기에 처해 있어요.

주닌 논병아리

자이언트물닭

웨이크섬에서 평화롭게 살던 웨이크뜸부기들은 2차 세계대전 때 섬에 들어온 **군인들에게 마구 잡아먹혀** 멸종되었어요.

21

사냥용 새들

사냥용 새들은 **날개가 짧고 주로 땅에서 활동한답니다.** 뛰어난 외모를 자랑하지만, '사냥용 새'라는 이름처럼 사람들의 놀잇감으로 사냥당해 잡아먹히는 불쌍한 새들이지요.

사할린뇌조

눈 덮인 고산지대에 사는 사할린뇌조는 **겨울이 되면 눈처럼 하얗게 색이 변한답니다.**

코카시안그루즈

수컷 코카시안 그루즈들은 암컷에게 과시하기 위해 **무리를 지어** 다닌답니다.

호로새

캐나다뇌조

잘 날지 못해요

사냥용 새들은 대부분 먼 거리를 날지 못해요. 그래서 땅에서 생활하지요. **잘 때는** 나무 위에 올라가기도 해요.

호로새는 날 수 있지만, **평소에는 그냥 걸어** 다니지요.

몬테수마퀘일은 사람이 다가오면 날아서 도망치지 않고 그 자리에서 얼어붙은 듯 꼼짝하지 않는답니다.

몬테수마퀘일

사육되는 새들

사람이 처음으로 사육한 새는 바로 닭이랍니다. **약 8,000년 전부터 길렀지요.** 닭은 사람에게 훌륭한 식자재랍니다.

사람들은 알과 고기를 얻기 위해 몇몇 메추라기 종을 길러왔어요. 상투메추라기 같은 야생 메추라기 종도 있답니다.

상투메추라기

칠면조

칠면조는 **약 2,000년 전부터** 사람에게 사육되었어요.

앵무새

앵무과에 속하는 앵무새들은 350종이 넘어요. 대부분 다채롭고 선명한 색을 띠며, 매우 시끄럽답니다! 몇몇 지역에서만 사는 앵무새도 있고, 전 세계 곳곳에서 볼 수 있는 앵무새도 있어요.

앵무새는 어디에나 있어요

시끄러운 야생 앵무새들이 정글에서만 산다고 생각하나요? 아니에요. 앵무새들은 사막에도 살고, 산에도 도시에 심지어 도시에 사는 앵무새들도 있답니다.

노랑무늬 초록앵무

스픽스 마카우

홍금강앵무
홍금강앵무는 한 번 짝을 지으면 평생 함께 살아요. 애완용으로 가장 인기 있는 앵무새랍니다.

오색앵무

노랑부리 아마존앵무

퀘이커앵무

남방앵무
남아메리카에 사는 남방앵무는 앵무새 중에서 가장 남쪽 지역에 사는 종이랍니다.

케아앵무
케아앵무는 산에서 살며, 고기를 먹기도 해요.

장미앵무
장미앵무는 우거진 숲의 그늘과 숲 바닥에서 먹잇감을 찾아요.

앵무새의 놀라운 능력

앵무새들은 놀라운 능력을 갖추고 있어요. 재주가 많고 수명이 길지요. 영리함도 타고났어요. 복잡하고 어려운 일도 해낼 수 있고 사람의 말도 따라 할 수 있답니다!

붉은모란앵무

오, 해도 되나요? 붉은모란앵무는 사랑이 넘치지 짝짜꿍. 앵무새라면 쩍짝. 떨어지면 시름시름.

미첼유황앵무

골든코뉴어앵무

동부 블루보네트

특이한 앵무새들

어떤 앵무새들은 놀라울 정도로 특이하답니다. 카카포와 밤앵무새는 야행성이며, 독수리앵무는 말 그대로 대머리지요!

독수리앵무

붉은꼬리 검정관앵무

안경유리앵무
안경유리앵무는 녹색과 파란색을 띠는 깃털 덕분에 나뭇잎 속에 쉽게 몸을 숨길 수 있어요.

카카포
커다란 몸집을 자랑하는 카카포는 날지 못하여 밤에만 활동합니다.

밤앵무새

25

검은배유구오리

검은배유구오리는 다른 오리들과는 달리 **짝을 이뤄** 몇 년 동안 함께 지낸답니다.

멧도요

우리는 물이 싫어요

꼭 물새처럼 생겼지만, 물에서는 전혀 살지 않는 새들도 있어요. 이 새들은 깊은 숲속이나 초원에서 산답니다.

다양한 모습

물새들은 크기와 모습이 아주 **다양하답니다.** 해안가에 사는 작은 새도 있고 커다란 백조도 있지요. 짧은 부리, 긴 부리, 구부러진 부리, 어떤 먹잇감을 먹는지에 따라 부리의 형태도 다르답니다.

꼬마홍학

홍학은 특이하게 생긴 부리로 물을 한껏 머금은 다음, 물속에 있던 **작은 새우들을 걸러내어** 삼킨답니다.

큰뒷부리도요

도요새들은 **기다란 부리**를 진흙 속에 파묻고 숨어 있는 지렁이류를 잡아먹지요.

바다에 사는 바닷새들

이 새들은 평생을 바다에서 보내다가 새끼를 낳고 기를 때만 육지로 올라온답니다. 바닷물 위를 둥둥 떠다니는 바닷새들도 있고, 물속으로 잠수할 수 있는 새도 있지요. 먹잇감을 찾아서 수면 위를 스치듯 날아다니기도 한답니다. 이렇게 멋진 바닷새들이 우리 인간으로 인해 위험에 처해 있어요. 정말 슬픈 일이지요.

코뿔바다오리

코뿔바다오리의 밝은색 부리는 겨울이 되면 **회색으로 변해요.** 크기도 작아진답니다.

바다와 함께하는 삶

바닷새들은 바다에서 생존하는 데 필요한 기술을 모두 갖추고 있어요. **하늘을 나는 것은 물론, 활공에도 능하며, 물고기 사냥 기술도 훌륭하답니다.** 심지어 바닷속 깊이 잠수해서 물고기를 사냥하는 새들도 있지요.

나그네알바트로스의 수명은 50년이 넘어요.

위험에 처한 바닷새

우리 인간은 바닷새의 먹잇감이 되어야 할 물고기들을 무분별하게 마구 잡아들이고 있어요. 그래서 바닷새들은 **먹이를 구하기가 점점 어려워지고 있지요.** 또한, 환경 오염도 큰 문제랍니다. 바다에 떠다니는 플라스틱 쓰레기 조각들을 바닷새들이 삼키기도 하며, 바다에 유출된 기름 때문에 깃털을 못 쓰게 되거나 중독되어 목숨을 잃기도 한답니다.

몸집이 작은 마젤란잠수바다제비는 먹잇감인 **갑각류들을** 사냥해 목에 있는 주머니에 **저장한답니다.**

나그네 알바트로스

마젤란잠수바다제비

각시바다쇠오리는 에너지를 얻기 위해 **하루에 60,000마리가 넘는 갑각류**를 먹어야 해요.

각시바다쇠오리

북방가넷

가넷은 물속으로 다이빙할 때 짠 바닷물이 코에 들어오지 않도록 **콧구멍을 닫을 수 있어요.**

콧구멍으로 소금물을 흘리는 바닷새도 있답니다!

레드레그드키티웨이크는 **진흙과 풀, 해초를 엮어** 절벽 틈새에 둥지를 튼답니다.

레드레그드 키티웨이크

무리를 지어요

바닷새들은 육지에 올라올 때가 **가장 위험하답니다.** 바닷새들은 하늘을 날거나 바다에 있는 것이 더 익숙하기에 땅 위에서는 움직임이 어색할 수밖에 없지요. 새끼들을 노리는 포식자들도 많고요. 그래서 어떤 바닷새들은 새끼를 보호하기 위해 무리를 지어 둥지를 튼답니다.

밴디드브로드빌은 **숲속에서** 메뚜기와 딱정벌레를 먹고 살아요.

밴디드 브로드빌

크게 두 종류로 나뉘어요

연작류들은 두 개의 그룹으로 나뉜답니다. 한 그룹은 아름다운 목소리로 지저귀는 **노래새들**이지요. 다른 그룹의 새들은 **노래를 잘 부르지 못하지요.** 이 새들은 대부분 남반구의 정글에 서식한답니다.

이 새는 **입안에 있는 주머니**에 새끼에게 줄 먹이를 넣어두지요.

멋쟁이새

나무 위에서 사는 새들

나무 위에서 생활하는 새들을 가리켜 **'연작류'**라고 한답니다. 전 세계에 사는 새들 가운데 절반이 넘는 종이 속해 있어요. 연작류들은 대부분 나무에 앉아서 시간을 보낸답니다.

개똥지빠귀과에 속하는 이 새는 대부분 **산속에** 서식해요.

흰목참새

이 새가 지저귀는 소리는 마치 **'캐나다'** 라고 하는 것처럼 들린답니다.

눈을 뗄 수 없을 만큼 예쁜 이 새는 종종 **전봇대 위에** 둥지를 튼답니다.

가위꼬리 딱새

목도리 지빠귀

연작류란?

연작류 새들은 나뭇가지를 꽉 움켜잡기에 알맞은 네 개의 **튼튼한 발가락**을 갖고 있어요. 노래 실력이 훌륭해서 지저귀는 소리만 들어도 알 수 있는 새들도 있답니다.

푸른요정 굴뚝새

흉내지빠귀는 **다른 새들의 울음소리를 흉내** 낼 수 있어요. 심지어 매의 울음소리도 흉내 낸답니다!

수컷 푸른요정굴뚝새는 **노란색 꽃잎을** 따서 암컷에게 선물한답니다.

북부흉내 지빠귀

새의 습성

새들도 사람과 마찬가지로 다양한 행동으로 기분을 드러내기도 하고 짝을 유혹하기도 하며 자신을 지키기도 하지요.

새들의 습성은 이미 잘 알려져 있어요. 노래하고, 뽐내고, 먼 거리를 이동하는 습성들 말이에요. 그런데 새들은 왜 이런 행동을 할까요? **새들은 모두 저만의 방식으로 이런 행동을 한답니다. 아주 가까운 친척 관계에 있는 새들끼리도 행동 방식은 달라요.** 그래서 새들이 어떤 방식으로 행동하는지, 그 행동이 어떤 의미를 담고 있는지 관찰하는 것은 참 재미있는 일이랍니다.

찌르레기들이 무리를 이뤄 하늘을 새까맣게 뒤덮었어요. 이것을 찌르레기 떼의 **'군무'**라고 한답니다.

들꿩

꿀빨이새는 이제 너무도 희귀한 새가 되어버렸어요. 그래서 새끼들이 **노래를 가르쳐줄 어른을 찾을 수가 없게 되었지요.**

꿀빨이새

애기여새

노래 배우기

대부분의 노래새들은 태어날 때부터 노래하는 방법을 안답니다. 하지만 그렇지 않은 노래새들은 노래하는 법을 배워야 하지요. 이 새들은 나이 많은 새들이 지저귀는 소리를 듣고 노래하는 법을 알게 된답니다.

부끄럼쟁이 진홍가슴새는 울창한 덤불 속에 숨어서 꼬리를 치켜들고 노래한답니다.

진홍가슴새

울새는 **암컷도 노래하는** 몇 안 되는 노래새 중 하나예요.

유럽울새

황금방울새

오색딱따구리

독특한 목소리

노래새들은 종마다 다른 저만의 목소리를 갖고 있어요. 엄청나게 큰 목소리로 지저귀는 새도 있는데, 수 킬로미터 떨어진 곳에서도 들릴 정도랍니다. 반대로 **작은 기계음 같은 소리**를 내는 새들도 있지요.

암컷 큰극락조는 수컷에게 다가가 마음에 드는 상대인지 **한참을** 훑어본답니다.

뽐내기의 제왕

수컷 큰극락조는 세상에서 가장 **뽐내기를 잘하는** 새랍니다. 우아한 꽁지깃을 한껏 세우고, 머리를 숙인 채 그 자리에서 꼼짝도 하지 않고 자신을 뽐내지요.

큰극락조

뽐내기를 잘하는 새들

새들의 뽐내기는 짝을 유혹하거나 경쟁자들을 물리칠 수 있는 한 가지 방법이랍니다. **깃털을 부풀려 자신의 화려함을 과시하는 것**도 뽐내기의 한 방법이지요.

수컷 새들은 대부분 굳이 뽐내지 않더라도 **눈길을 사로잡을 만한 외모**를 갖고 있어요.

수컷들은 암컷이 다가올 때까지 한곳에 모인 채 시끄럽고 번잡스럽게 각자 자신을 뽐낸답니다.

더 멋져 보이고 싶어요

많은 수컷 새들이 뽐내기에만 사용되는 **특별한 깃털**을 갖고 있어요. 이 화려한 깃털로 암컷의 마음을 사로잡지요.

느시

수컷 느시들은 넓은 평원에 모여 **깃털을 부풀려요**. 몸집이 작은 암컷들이 옆에 있으면 수컷의 몸집이 더욱 커 보인답니다.

목도리도요

수컷 목도리도요의 뽐내기 깃털은 화려한 **목도리를 닮았어요**. 색깔도 모두 조금씩 달라서 저만의 색깔을 자랑한답니다.

인도공작

수컷 공작새의 멋진 꼬리 깃털에는 **150개가 넘는 눈 모양의 반점**이 있답니다.

위장에 뛰어난 새들

주변 환경과 잘 어우러지는 색깔의 깃털을 가지고 있는 새들은 배고픈 포식자들을 피해 몸을 숨기기 쉽지요. 특히, **암컷들은** 알과 새끼들을 보호하기 위해 **뛰어난 위장술을 갖고 있어요.**

눈 덮인 지역

눈이 쌓인 풍경은 극지방과 툰드라 지역, 산악 지형에서 주로 볼 수 있는 환경이에요. 이곳에 사는 새들은 **눈 덮인 풍경 속에 잘 섞이기 위해 주로 하얀색 깃털을 갖고 있답니다.**

흰올빼미의 깃털은 **흰색과 갈색**이 어우러져 있어요. 눈 덮인 바위의 색과 매우 비슷해서 몸을 잘 숨길 수 있지요.

흰올빼미

사막종달새는 아프리카의 북부 지역과 중동 지역에 서식한답니다.

사막종달새

메마른 사막

사막에 사는 새들은 무더운 낮 동안에는 거의 활동하지 않아요. 그래서 낮 동안 안전하게 숨어 있을 수 있도록 **사막의 모래와 암석과 비슷한 색깔의 깃털**을 갖고 있지요.

습지대

습지대는 많은 생명체가 살아가는 중요한 서식지랍니다. 홍수로 강이 범람하는 것을 막는 역할도 하지요. 습지에 사는 새들은 우거진 갈대와 마른 풀 속에 숨기 위해 **갈색을 띤 깃털**을 갖고 있지요.

알락해오라기는 갈대 속에 잘 숨기 위해 깃털에 긴 **세로줄 무늬**가 있어요.

아메리카 알락해오라기

녹색꼬리자카마르는 나뭇가지에 **가만히 앉아서 곤충이 지나가길 기다리다가** 재빨리 낚아챈답니다.

녹색꼬리 자카마르

숲과 정글

우거진 숲이나 정글에 사는 새들은 위장을 위해 초록색 깃털이 굳이 필요하지 않아요. 우거진 수풀 사이에서는 움직이지만 않는다면 **어떤 색이라도 쉽게 눈에 띄지 않기 때문이지요.**

굉장히 먼 거리를 이동하는 새들

하늘을 날아다니는 것만으로도 부러운 능력인데, **어떤 새들은 지구 반 바퀴 거리를 날아서 이동한답니다.** 그렇게 작은 몸집으로 엄청나게 먼 거리를 날아갈 수 있다는 게 놀랍지 않나요? 심지어 목적지까지 날아가는 동안 아무것도 먹지 않는 새들도 있답니다. 정말 굉장한 체력이지요!

뻐꾸기

수컷 뻐꾸기는 유럽으로 날아가 번식지에서 **몇 주를 보내다** 다시 아프리카로 돌아간답니다.

쇠유리새

쇠유리새는 이동하는 중간중간에 **수풀에 내려앉아** 휴식을 취하지요.

유럽

아시아

큰뒷부리도요

큰뒷부리도요는 최대 **9일 동안** 쉬지 않고 날 수 있답니다!

아프리카

오스트레일리아

타고난 방향 감각

새들은 태어날 때부터 자신이 언제, 어디로 날아가야 하는지 안답니다. 강과 산 등 주요 지형지물의 위치를 알고 이용할 뿐만 아니라 태양과 달, 별도 이용해 목적지를 찾아 날아가지요.

새들은 왜 먼 거리를 이동할까요?

새들이 이동하는 이유는 겨울의 **궂은 날씨를 피하고 먹잇감 부족을 해결**하기 위해서랍니다. 번식지에 있던 모든 새가 먹잇감이 풍부한 따뜻한 지역으로 한꺼번에 날아가지요.

작은 새들은 대부분 **밤에만 이동**한답니다. 포식자를 피하기 위해서지요. 또한, 밤이 더 시원해 날기 좋고, 바람도 덜 불기 때문이에요.

북아메리카

큰슴새

이 바닷새의 이동 경로는 대서양을 두르는 **거대한 고리 모양**이에요.

이동 준비

이동할 시기가 되면 새들의 **몸에 많은 변화가 생긴답니다.** 심장과 날개 근육은 점점 더 커지고 강해져요. 체중도 늘어난답니다. 축적된 지방은 날아가는 데 필요한 연료가 되지요.

황금솔새는 **멕시코만을 가로질러 남아메리카로** 날아간답니다.

남아메리카

황금솔새

기호 설명

뻐꾸기의 이동 경로
쇠유리새의 이동 경로
큰뒷부리도요의 이동 경로
황금솔새의 이동 경로
큰슴새의 이동 경로

43

올빼미는 조용히 날아가 **날카로운 발톱**으로 둥지 근처에 들어온 침입자들을 공격한답니다.

재갈매기는 침입자를 향해 공중에서 돌진하고, 침입자에게 **배설물을 발사**해 둥지를 방어한답니다.

재갈매기

올빼미

왜 자신의 영역을 지키려 할까요?

새들이 자신의 영역을 지키려는 이유는 침입자가 자신의 영역에 들어와 먹이를 먹는 것을 막기 위해서예요. **새끼에게 줄 먹이를 손 놓고 빼앗길 수는 없지요.** 또한, 알과 새끼를 노리는 포식자들을 쫓아내기 위해 목숨을 걸고 영역을 지키려 한답니다.

쇠부리 딱따구리

화식조의 발차기는 **사람의 목숨도 앗아갈 수 있어요!** 화식조의 커다란 발끝에는 칼처럼 길고 날카로운 발톱이 있답니다.

북부화식조

새들의 방어 방법

새들은 위협을 느끼면 적을 쫓아내려고 하지요. **다양한 방법으로 자신을 방어한답니다.** 사납게 침입자에게 달려들어 부리와 발톱으로 공격하는 새들도 있고, 새끼를 노리는 포식자의 눈을 돌리기 위해 상처를 입고 죽어가는 척하는 영리한 새들도 있어요.

먹이를 건 싸움

급식대 주변에서는 **자주 싸움이 일어난답니다.** 보통 몸집이 큰 새들이 배불리 먹고 나면, 작은 새들이 남은 먹이를 먹을 기회를 얻지요.

파랑어치는 매의 울음소리를 흉내 내어 새들을 도망치게 만들고 먹이를 차지하지요!

파랑어치

이 커다란 개똥지빠귀는 **산딸기를 좋아해서** 다른 새들이 산딸기 덤불 근처에는 얼씬도 못 하게 한답니다.

겨우살이 개똥지빠귀

효과적인 전략

새들은 배고픈 포식자들로부터 **자신과 새끼를 보호하기 위한** 각자만의 전략과 계획을 세워두고 있지요.

갈색어치

갈색어치는 **무리를 지어** 포식자들을 공격해 쫓아낸답니다.

풀밭 종다리

풀밭종다리는 둥지로부터 먼 곳으로 **적을 유인**하기 위해 적의 머리 위를 성가시게 맴돌아요.

칡부엉이

칡부엉이는 위험에 처하면 적을 겁주기 위해 **날개를 한껏 부풀린답니다.**

어두워지면 활동하는 새들

세상에 어둠이 내리면 활동을 시작하는 새들을 '야행성 새'라고 해요. 야행성 새들 가운데에서도 가장 유명한 새는 바로 올빼미예요. 또한, 쏙독새 같은 새들도 밤이 되면 사냥을 나서는 야행성 새랍니다. 어두운 밤은 몸집이 작은 새들이 이동하기에도 안전한 시간이지요. 올빼미만 마주치지 않는다면요!

나이팅게일

수컷 나이팅게일은 밤이 되면 암컷 머리 위를 날아다니면서 **사랑의 세레나데**를 부르지요.

호주 부엉이쏙독새

자그마한 몸집의 부엉이쏙독새는 나뭇가지에 앉아 조용히 기다리다가 **밤에 돌아다니는 곤충을** 노리지요.

낮 동안에는?

야행성 새들은 낮 동안에는 대부분 나무 속에 숨어 있어요. 주위 환경과 비슷한 갈색 깃털 덕분에 자연스럽게 위장할 수 있어서 포식자에게 당할 걱정 없이 마음 놓고 잘 수 있답니다.

밤에 이동하는 새들

많은 종의 새들이 밤에 이동한답니다. 보통은 밤이 더 시원하고 바람도 잔잔하기에 에너지를 덜 쓰고도 멀리 날아갈 수 있지요. 맑은 날 밤하늘에 별이 보이면, 새들은 **별을 이정표 삼아 이동**한답니다.

붉은날개지빠귀

붉은날개지빠귀는 다른 철새들과는 **다르게 겨울마다 각기 다른 지역**으로 날아가는 새랍니다.

회색머리지빠귀는 야행성 새가 아니에요. 봄과 가을이 오면 멀리 이동하는데, 주로 밤에만 이동한답니다.

회색머리지빠귀

흰얼굴소쩍새

희귀종인 흰얼굴소쩍새는 서식지인 숲이 파괴되면서 **집을 점점 잃고 있지요.** 그래서 결국 점점 더 희귀한 새가 되어가고 있어요.

점박이 쏙독새

밤에 적응한 새들

대부분의 야행성 새들은 밤에도 잘 보이도록 적응한 시력을 가지고 있어요. 희미한 빛까지 포착할 수 있는 큰 눈도 갖고 있지요. 또한, **뛰어난 청각**으로 먹잇감을 찾아내고 조용히 다가가 순식간에 덮친답니다.

쏙독새는 낮 동안 **땅에서 지낸답니다.** 깃털이 주변 환경과 비슷한 색이라 잘 숨을 수 있어요.

새들이 만들어내는 장관

새들은 먹이를 사냥할 때, 둥지를 틀 때, 먼 거리를 이동할 때면, 한데 모여 커다란 무리를 이루기도 해요. 이렇게 새들이 무리 지어 나는 모습은 우리의 눈을 즐겁게 한답니다.

수많은 플라밍고가 무리 지어 나는 모습은
한 마디로 '화려함의 극치'랍니다.

플라밍고 무리

큰플라밍고들은 강 하구의 습지에 모여 평생을 함께 살아간답니다. 습지에 모여 있는 커다란 플라밍고들의 우아한 모습은 **한 번 보면 평생 잊을 수 없을 만큼** 아름다운 광경이랍니다.

역대 최대의 무리 비행

여행비둘기라는 새는 한때 **가장 많은 개체 수를 자랑하는** 새였답니다. 이 종은 무리를 지어 북아메리카 동부를 가로질러 이동했는데, 그 수가 엄청나게 많아서 무리가 머리 위 하늘을 지나가는 데만 며칠이 걸렸지요. 그렇게나 많았던 여행비둘기는 인간의 무분별한 사냥으로 20세기 초에 멸종되고 말았답니다.

새들의 서식지

새들은 생존에 유리하고 새끼에게 충분한 먹이를 먹일 수 있는 곳을 찾아 둥지를 틀어요. 새들의 서식지는 아주 다양하답니다.

새들은 지구의 대부분 지역에서 살아갈 수 있도록 적응했어요. 새들은 숲과 바다, 사막, 도시, 심지어 땅속에서도 살아간답니다! 한 종류의 서식지에서만 살 수 있는 새들도 있지만, 보통은 두 가지 이상의 서식지에서도 살아갈 수 있어요.

검은머리물떼새는 갯벌이나 해안 습지에서 산답니다. 부드러운 진흙 아래에는 **수많은 먹잇감이 묻혀 있지요.**

긴부리숲발바리

습한 열대 산악지대의 숲이 곤충을 잡아먹는 붉은등 개미새의 집이랍니다.

붉은등 개미새

이 새는 **짝과 함께 나무에서 먹이를 찾기도 해요.**

몸집이 작다고 무시하지 마세요. 길잡이매는 **작은 원숭이**도 잡아먹는답니다.

길잡이매

동고비들은 힘차게 날개를 퍼덕여 **나무껍질 아래에 숨어 있는** 곤충들을 잡아먹어요.

벨벳이마 동고비

열대 숲

더운 열대지방에는 숲이 많아요. **지구에는 열대 숲이 다른 숲보다 훨씬 많지요.** 그러니 열대 숲에 사는 새가 많은 것은 당연하겠지요?

피타는 열대 숲에 사는 매우 **희귀한 새**랍니다.

금발볏딱따구리

열대 숲에는 딱따구리가 가장 좋아하는 먹이인 개미가 아주 많답니다.

수퍼브피타

숲 서식지

숲에 사는 새들은 시끄럽고 부산스러워요. 하지만 나뭇잎 사이에 있으면 깃털이 밝은색인 새라 하더라도 **찾아내기 쉽지 않아요.** 숲의 종류는 다양하지요. 숲에서 사는 새들은 다양한 방식으로 여러 숲에 적응해 왔어요.

등은 검고 배는 하얀 펭귄의 털 색깔은 **카운터쉐이딩이라고 부르는 위장 기술**이에요. 이 패턴 덕분에 펭귄이 헤엄칠 때는 하늘에서도 바닷물 속에서도 찾아내기 어렵답니다. 이런 방식으로 하늘의 포식자들의 눈에도 띄지 않고, 물속 먹잇감에도 들키지 않고 먹이를 사냥할 수 있지요.

얼음 나라

남극 대륙은 지구에서 가장 추운 곳이지요. 이 얼어붙은 대륙 주변에 사는 동물들은 **가혹한 환경에 잘 적응**했답니다. 턱끈펭귄은 세상에서 가장 추운 곳에서 살아남아 번식한 새 중 하나랍니다.

펭귄의 둥지

펭귄들은 종마다 둥지를 짓는 습성이 달라요. 턱끈펭귄은 **돌을 쌓아 만든** 단순한 형태의 둥지에 살지요.

턱끈펭귄 부부는 **번갈아 가며 알을 품어요.**

수컷 턱끈펭귄은 아내와 함께 열심히 육아하는 **훌륭한 아빠**랍니다.

턱끈펭귄은 먹이를 사냥하러 매일 80km나 떨어진 곳까지 헤엄친답니다.

기후 변화

인간 세계가 발전함에 따라 19세기 이후부터 지구의 대기는 서서히 따뜻해지고 있어요. 이런 지구 온난화 현상은 전 세계의 기후 변화를 일으켰지요. 남극 대륙도 마찬가지예요. **남극의 거대한 얼음이 점점 녹고 있답니다.** 그래서 펭귄이 살 곳도 점점 줄어들고 있어요.

추위를 극복하는 법

턱끈펭귄은 방수 기능이 있고 기름기가 번지르르한 두꺼운 깃털 피부를 갖고 있어요. 덕분에 체온을 유지하고 물기가 잘 마른답니다. 또한, 날개와 다리에 체온을 유지하는 기능을 하는 **특수 혈관**이 있어요.

새끼 펭귄

새끼 턱끈펭귄은 태어난 후 약 한 달 동안 둥지에서 살아요. 한 달이 지나면 일종의 **어린이집** 같은 곳에 모여 또래 펭귄들과 함께 생활한답니다.

펭귄 새끼는 **통통한 체형에 보송보송한 솜털**이 나 있어요. 이런 특징들이 체온을 유지하는 데 도움이 된답니다.

생후 2개월쯤 지나면 새끼들은 솜털이 빠지고 새 깃털이 나요. 이 깃털은 **어른 펭귄의 깃털과 같지요.** 드디어 바다에 뛰어들 준비가 된 것 같군요!

댕기바다오리

아프리카매

포식자들
땅속에서 산다고 항상 안전한 것은 아니랍니다. 뱀이나 족제비 같은 몸집이 작은 포식자들은 **땅속 둥지까지 쳐들어와** 알이나 새끼를 꿀꺽 삼키려 하지요.

댕기바다오리는 몸을 숨길 곳을 직접 파거나 절벽에 자연적으로 생긴 구멍을 둥지로 쓴답니다.

땅속에서 사는 새들

땅속에서 평생을 사는 새는 없어요. 하지만 **땅속에 둥지를 트는 새**는 있지요. 직접 땅을 파서 둥지를 트는 새도 있고, 자연적으로 생긴 구멍이나 다른 동물이 버리고 간 집을 사용하기도 한답니다.

굴올빼미

이 올빼미는 이름과는 달리 탁 트인 곳을 좋아한답니다. 그래서 공항 주위의 목초지에서 자주 발견되지요.

왜 땅속에 둥지를 틀까요?
땅속은 어린 새들이 가장 안전하다고 느끼는 장소예요.
게다가 추운 날씨와 포식자들의 공격도 막아준답니다.

56

땅굴 파기

파충류나 포유류 같은 동물들은 구멍을 파기 좋은 발과 발톱을 갖고 있어서 쉽게 땅을 팔 수 있어요. 하지만 새들은 부리와 약한 발을 사용해 땅을 파야만 한답니다. 얼마나 힘들까요?

붉은벌잡이새

이 예쁜 새는 진흙으로 된 둑을 옆에서 가로로 파내어 긴 굴을 만든답니다.

땅굴 빌려 쓰기

새가 땅굴을 파는 것은 정말 힘든 일이랍니다. 상처를 입기도 쉽지요. 그래서 새들은 **다른 생물이 파놓은 버려진 굴을** 빌려 쓴답니다.

무지개새

이 연작류 새는 **쥐들이 파놓은 땅굴**에서 새끼를 기르기도 해요.

게물떼새

새끼 게물떼새는 잘 걸을 수 있을 때까지 **안전하고 편안한 땅굴 속에** 머문답니다.

게물떼새의 땅굴

게물떼새는 물새 중에서는 유일하게 땅굴을 파는 새랍니다. **땅굴 안은 알을 품기에 알맞은 온도라서** 게물떼새는 땅굴에 알을 넣어두고 먹이 사냥을 떠나지요.

해안 서식지

켈프기러기
이 기러기는 해조류인 **켈프만 먹어요**.

쇠제비갈매기
이 작은 갈매기들은 해안선을 따라 둥지를 틀어요. 그래서 **해안선은 이 갈매기들이 살아가는 데 매우 중요한 장소**랍니다.

해변
해변은 바닷새들이 **먹이를 구하고 둥지를 트는** 중요한 서식지랍니다.

흑로
흑로는 바닷물에 **발가락을 넣어** 물고기를 유인한답니다.

해안 서식지는 새들에게 매우 인기가 많은 서식지예요. 먹잇감이 풍부해서 여러 종의 새들이 찾아와 **서로 먹잇감을 차지하려 들기도 하지요**. 먹이를 찾아 해안선을 따라 걷거나 물속으로 다이빙하는 새들도 있고, 모래나 돌을 뒤적거리며 먹잇감을 찾는 새들도 있답니다.

암컷 바위할미새는 **해조류와 풀로 둥지를 만들어요**.

바위할미새

큰물떼새
큰물떼새는 먹잇감을 사냥하는 해안에서 멀리 떨어진 **건조한 초원**에 둥지를 틀어요.

피리물떼새들은 북아메리카의 해변에 둥지를 틀어요. 하지만 사람들의 잦은 방문으로 **둥지를 잃을까 항상 불안한 마음**을 안고 살지요.

피리물떼새

사라져가는 해안 서식지

지구의 해안선은 엄청나게 길어요. 하지만 **많은 해안 서식지가 오염되었거나 침식되어 사라지고 있지요.** 새들에게는 정말 슬픈 소식이랍니다.

물새들의 긴 부리는 매우 중요한 역할을 해요. 흙 속 깊이 굴을 파는 새우와 게를 사냥하는 데 유용하지요.

이 물떼새는 해안에서 주로 생활하지만, **발에 물갈퀴가 있어서** 헤엄도 꽤 잘 친답니다.

아메리카 되부리장다리 물떼새

긴부리마도요

수컷 긴부리마도요는 암컷보다 몸집이 작아요. 그래서 먹이 사냥을 나가기보다는 새끼를 도맡아 기른답니다.

뉴질랜드물떼새

뉴질랜드물떼새는 **오른쪽으로 굽은 독특한 모양의 부리를** 사용해 바위 아래에 있는 먹이를 꺼내 먹는답니다.

무엇을 먹을까요?

자연 그대로의 해안에는 수백만 마리의 갑각류와 지렁이, 무척추동물이 살고 있어요. **새들이 좋아하는 먹잇감이 넘쳐난답니다.**

사막에서 살아남기

사막에 사는 새들은 특별하답니다. **물이 귀한 사막**에서 살아남는 법을 배웠고 극심한 더위에 적응해 왔지요. 왕관사막꿩은 사막이라는 극한 환경에서 살아남는 법을 배운 새 중 하나랍니다.

사막꿩은 **풀이 무성한 곳을 피하려는 습성**이 있어요. 포식자들의 공격을 받고 싶지 않아서겠지요.

사막꿩과는 **16개의 종**으로 나뉜답니다. 하지만 이 험난한 사막 서식지에서 사는 새는 왕관사막꿩이 유일하지요.

사막꿩 가족

사막꿩이 어떤 과에 속하는 새인지는 확실치 않아요. 조류학자들은 한때 사막꿩을 기러기나 비둘기, 물떼새의 먼 친척으로 여겼지요. 하지만 여전히 사막꿩은 혈통이 분명치 않은 이상한 새랍니다. 최근에는 사막꿩을 하나의 독립된 과로 분류하기도 한답니다.

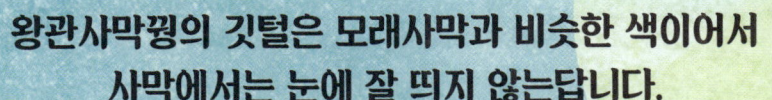
왕관사막꿩의 깃털은 모래사막과 비슷한 색이어서 사막에서는 눈에 잘 띄지 않는답니다.

낮에 하는 행동
왕관사막꿩들은 뜨거운 태양이 내리쬐는 사막의 낮에는 **씨앗을 찾으며** 조용히 지낸답니다. 100마리 정도가 한곳에 모여 있는 모습을 볼 수 있어요.

수컷 사막꿩은 배에 난 깃털에 물을 저장해둘 수 있게 **적응**했답니다.

새끼에게 물 먹이기
물웅덩이를 발견하면 수컷 사막꿩은 배 부분의 깃털에 물을 저장해요. 그런 다음 새끼들에게 돌아와 깃털에 담아온 물을 먹이지요.

61

사람들이 만들어 둔 **새집**은 도시에 사는 새들에게 매우 훌륭한 집이 된답니다. 개체 수가 감소하던 암청색큰제비는 사람들이 새집을 많이 만들어 두자 개체 수가 다시 증가했답니다.

암청색큰제비

도심 속의 집
도시 안에서도 새들의 자연 서식지와 비슷한 환경을 찾을 수 있어요. 갈매기들에게는 **자갈이 깔린 평평한 옥상이 해안선**이며, 매에게는 높은 빌딩이 절벽이나 마찬가지랍니다.

도시에서 사는 새들

도시는 사람들로 붐비는 곳이지요. 하지만 **새들도 도시에서 함께 살아가고 있답니다.** 도시에 있는 산속이나 호수, 강, 공원, 풀밭은 물론, 건물에도 둥지를 틀고 살지요.

이 물떼새는 도시 건물의 **평평한 지붕**에 둥지를 틀어요. 특히 이집트의 카이로에서 자주 볼 수 있지요.

세네갈물떼새

쉽게 관찰할 수 있어요

도시에 사는 새들은 사람과 함께 살아가는 것에 익숙해서 우리가 **쉽게 관찰할 수 있지요.** 시골에 사는 새들이 부끄러움을 훨씬 많이 탄답니다.

까치종달새는 사교성이 많고 수다스러운 새예요. 까치종달새가 **마구 울어대면** 꽤 시끄럽고 성가시답니다.

댕기박새

작고 **호기심이 많은** 댕기박새는 창틀에 앉아 집안을 들여다보기도 한답니다!

까치종달새

알고 있나요?

전체 새 종류의 약 20%가 도시에서 살 수 있답니다. 도시에 있는 다양한 서식지 덕분에 많은 새가 우리와 함께 살아갈 수 있지요.

보고타뜸부기

보고타뜸부기는 멸종위기종이에요. 이 **희귀한 물새**를 가장 쉽게 볼 수 있는 곳은 바로 콜롬비아의 보고타라는 도시에 있는 습지대랍니다.

새를 관찰할 때 **쌍안경은 필수예요.** 쌍안경을 사용하면 새들을 훨씬 자세히 관찰할 수 있어요.

인간과 새

새들은 우리 인간의 삶을 풍성하게 해주는 고마운 동물이에요. 항상 우리 주위에 있어서 쉽게 관찰할 수 있지요.

새는 지구상에 최초의 인간이 나타난 이후로 인류의 역사와 문화에 빠짐없이 등장해왔어요. 아름다운 깃털과 노랫소리, 하늘을 나는 신기한 능력으로 우리의 눈길을 사로잡았지요. 하지만 인간과 새가 항상 좋은 관계였던 것은 아니에요. 인간은 새들을 마구 사냥해 많은 종을 멸종시키고 말았지요. 우리는 이제라도 새에 관해 배워야만 해요. 그래서 새가 앞으로도 인간과 함께 살아가도록 보호하고 도와야 한답니다.

새와 인간의 관계

새들은 **자유의 상징**이지요. 하지만 인간은 지금껏 새들을 통제하고 길들이려 애썼어요. 세계 각지의 사람들이 새를 길들여 인간의 삶에 도움이 되도록 이용할 여러 가지 방법들을 찾아냈답니다.

적색야계

인간이 사육한 새

인간은 **수천 년 동안** 새를 길들이면서 함께 살아왔어요. 식량으로 쓰기 위해 닭과 같은 가금류를 사육했지요. 예쁜 목소리나 사람의 말을 따라 하는 신기한 능력이 있는 새들은 애완동물로 사랑받았지요. 공작새처럼 아름다운 새들을 정원에 풀어놓고 감상하기도 했답니다.

닭은 **매우 영리한** 새랍니다. 기억력도 뛰어나지요.

닭

아시아 태생인 적색야계는 오늘날 **인간에게 사육되는 닭의 조상**이랍니다.

일하는 새

수 세기 동안 인간은 다양한 방법으로 **새들에게 일을 맡겼어요.** 편지를 전달하고 물고기도 잡아줬지요. 심지어 인간을 위해 같은 종족을 사냥하기도 했답니다.

해리스매

해리스매는 공항 활주로와 도심 광장에서 **비둘기들을 내쫓는 일**을 해요.

전서구

비둘기는 전쟁 중에 적진을 넘어서 **메시지를 전달**하는 데 이용되었답니다.

바다가마우지

인간은 수백 년 전부터 가마우지를 이용해 **물고기를 잡았어요.**

애완용 새

우리는 다양한 새들을 애완용으로 기르지요. 카나리아, 되새, 앵무새는 물론 올빼미도 기른답니다. 애완용 새들은 대부분 **작은 새장에 갇혀서** 평생을 살아요. 운이 좋으면 동물원에 있는 커다란 새 우리처럼 더 넓은 곳에서 살 수도 있지요.

회색앵무

앵무새들은 화려한 깃털과 **사람의 말을 흉내** 내는 능력 때문에 애완용으로 매우 인기 있지요.

꽃가루를 퍼트려요

어떤 새들은 꽃에서 단물을 빨아 먹어요. 이 새들은 많은 꽃을 돌아다니며 단물을 먹기 때문에 자연스럽게 꽃가루를 퍼트리게 되지요. 덕분에 꽃들은 새 씨앗을 만들어낼 수 있어요. 이렇게 꽃가루를 퍼트리며 수분 작용을 돕는 동물들을 '꽃가루 매개자'라고 부른답니다.

노던 로젤라

턱수염 산악벌새

벌새들은 하루에 자신의 **몸무게에 버금가는 양**의 단물을 빨아 먹어요.

씨앗을 퍼트려요

씨앗이 있는 과일이나 견과류를 먹고 사는 새들이 많지요. 새들이 삼킨 씨앗은 **새의 소화 기관을 통과해 배설물에 섞여 나와요.** 배설물과 함께 떨어진 씨앗은 다시 꽃이나 나무가 된답니다.

붉은가슴벌새

생태계의 청소부

죽은 동물을 먹는 **청소부 새**들이 있어요. 이 청소부 새들은 질병을 퍼트릴지도 모르는 동물의 사체를 먹어서 생태계를 깨끗하게 정리한답니다.

흰머리 검은독수리

새와 지구

독수리들은 **뛰어난 시력**으로 하늘에서도 동물의 사체를 찾아낼 수 있어요.

해충을 잡아먹어요
곤충을 먹잇감으로 삼는 새들은 해충의 개체 수를 줄이는 데 도움이 된답니다. 만약 이 새들이 없다면 우리 밭 **농작물들은 해충에게 당해 엉망이 될 거예요.**

흰목벌잡이새

산호초를 건강하게
바다의 상공을 나는 바닷새들은 해안선을 따라 날아다니면서 암초에 배설물을 떨어뜨리지요. 이 새똥에는 **질소 성분**이 들어 있어서 바다의 해조류가 자라는 데 도움이 된답니다. 바닷새들이 자주 찾는 산호초 주변 물고기들은 바닷새가 없는 산호초에 사는 물고기들보다 더 빨리, 더 크게 자란답니다.

붉은발얼가니새

서로 도우며 살아요
서로 도우며 살아가는 동물들이 있어요. 이런 관계를 **공생관계**라고 부르지요. 벌꿀길잡이새는 꿀먹이오소리에게 벌집의 위치를 알려준 다음, 오소리가 먹다 남긴 죽은 꿀벌들을 먹고 살아요.

큰꿀잡이새

새들은 식물이나 다른 동물들과 서로 도움을 나누며 살아간답니다. 이렇게 다재다능한 새들이 없다면 지구는 지금과 완전히 다른 모습이 되고 말 거예요.

위기의 새들

새들은 인간의 활동에 영향을 받는 매우 민감한 동물이에요.
세계의 인구가 증가하는 것은 새들에게 점점 더 큰 위협이 되고 있지요.
특히, 서식지가 줄어드는 것은 큰 문제랍니다. 새들은 도움이 필요해요.
서둘러 대책을 마련하지 않으면 우리는 새들을 영원히
잃게 되고 말 거예요.

넓적부리도요

넓적부리도요는 멸종 위기 새랍니다.
사람들은 이 새의 개체 수를 늘리기
위해 많은 수의 넓적부리도요들을
사육한 다음 **야생으로 보냈지요.**

사람들은 이 작은 새를
사냥하는 것을 금지했어요.
그래서 개체 수가 다시
증가하기 시작했답니다.

보존 노력

이미 전 세계의 많은 사람이 새들을
보호하려고 애쓰고 있어요. 새들이 잘
번식할 수 있도록 **자연보호구역**을 만들고,
멸종 위기에 처한 새들을 사냥하지
못하도록 막지요. 이처럼 새들을 보존하기
위해서는 큰 노력이 필요하답니다.

검은머리촉새

스픽스마카우앵무

이 아름다운 앵무새는 인간의 무분별한 **벌채**로 서식지를 잃고 야생에서 멸종되고 말았어요. 지금은 동물원에서나 볼 수 있지요.

황제펭귄

기후의 급격한 변화로 남극의 얼음이 녹고 있어요. 황제펭귄도 서식지를 점점 잃고 있답니다.

위기에 처한 새들

많은 종의 새들이 멸종 위기에 처해 있어요. 서식지가 점점 줄어들었고 기후가 급격히 변화했기 때문이지요. 게다가 야생 새를 사고팔기 위해 무분별하게 사냥한 것도 한몫했답니다. 지금부터라도 우리 인간은 새들이 우리와 함께 살아갈 수 있도록 자연에 관한 생각을 바꿔야만 해요.

야생 흰뿔쇠찌르레기는 이제 **겨우 300마리** 정도만 남았어요. 많은 수가 불법으로 포획되어 새장에 갇혀 애완용으로 팔리고 있지요.

흰뿔 쇠찌르레기

유럽 멧비둘기

사냥꾼들은 유럽멧비둘기가 **이동할 때를 노려** 마구 사냥했지요. 그 결과 유럽멧비둘기는 멸종 위기에 처하고 말았어요.

새를 도와주세요

여러분 주위에 있는 새들을 돕는 것은 어려운 일이 아니랍니다. 먹이를 주거나 둥지를 틀 안전한 장소를 마련해줄 수도 있지요. 이런 일들은 새들한테 도움이 될 뿐만 아니라, 매일 이 아름다운 새들을 가까이에서 볼 기회가 된답니다.

다양한 종류의 먹잇감으로 **다양한 새들**을 불러 모을 수 있어요.

이러한 형태의 새집은 **구멍에 둥지를 트는 습성이 있는 새들**이 아주 좋아해요.

견과류와 씨앗은 참새들이 아주 좋아하는 먹잇감이지요. **수엣**(소의 내장 지방)을 잔뜩 묻힌 솔방울을 좋아하는 새도 있답니다.

새집을 만들어 보세요

어른의 도움을 받아 새집을 만들어 보세요. 천연 재료를 이용해 자연스러운 색으로 만들어야 해요. 방수 기능은 꼭 필요하지요. 입구는 직사광선이 들지 않도록 하세요. 내부 온도가 너무 높아지면 새들이 살지 못한답니다.

새 먹이를 만들어 보세요

빈 우유갑이나 주스 통으로 간단하게 새 먹이통을 만들 수 있어요. 먹이통 옆에 구멍을 내고 바닥에는 **씨앗이나 견과류, 밀웜, 수엣**을 넣어주세요. 다 만들었다면 고양이들의 손이 닿지 않도록 높은 곳에 먹이통을 걸어두세요.

벌새들은 달콤한 설탕물을 아주 좋아해요. 물 네 컵에 설탕 한 컵을 타서 섞으면 맛있는 벌새의 먹이가 된답니다.

새들이 건강해지려면 **마실 물이나 몸을 씻을 물**이 꼭 필요하지요.

새들이 **창문 유리를 보지 못하고 부딪히는 것을 막아주는 스티커**가 다양하게 판매되고 있어요. 줄무늬, 사각형 무늬, 맹금류 모양의 스티커가 인기랍니다.

← 창문에 붙인 스티커

욕조를 만들어주세요

얕은 접시(2.5cm 이하)나 납작한 쓰레기통 뚜껑을 벽돌 위에 올려두세요. **탁 트인 장소**에 놔둬야 새들이 주위를 살피면서 목욕을 한답니다. 자주 청소해주고 물을 갈아주세요.

창문 유리에 부딪히는 것을 막아주세요

일 년에 수백만 마리가 유리 충돌 사고로 목숨을 잃고 있어요. 유리창에 스티커를 붙여두는 것만으로도 이런 사고를 방지하는 데 큰 도움이 되지요. 새들이 유리창에 붙은 스티커를 보고 피할 수 있으니까요.

새 관찰하기

흰털박제비

새는 어디에나 있어요. 눈을 크게 뜨고 귀를 기울여보면 우리 주위에서도 여러 종의 새들을 만날 수 있답니다. 이 새들은 사람들과 지내는 데 익숙해서 도시에서도 쉽게 찾아볼 수 있어요. 지금 고개를 들어 창밖을 한번 보세요. 어떤 새들이 보이나요?

유럽과 북아프리카, 아시아 북부에 서식하는 흰털박제비는 **처마**에 둥지를 틀어요.

자기만의 관찰 포인트 만들기

주변의 수풀 지역이나 공원에 여러분만의 관찰 포인트를 만들고 자주 들러보세요. 매번 다른 시간에 가보는 것도 좋아요. 그러면 여러분만의 관찰 포인트에서 먹이를 먹고 둥지를 튼 **여러 종류의 새들을 관찰할 수 있을 거예요.**

가까운 연못이나 호수, 강, 저수지를 찾아가 **물새들을 관찰해보세요.**

매들은 도시에 많은 **고층 건물에 앉는 것을 좋아한답니다.** 전 세계의 도시에서 쉽게 매를 찾아볼 수 있어요.

매

붉은빛과 분홍빛이 도는 새들은 갈색 나뭇가지에 앉아 있으면 **발견하기가 쉽지 않아요.** 천천히 자세히 살펴보세요.

동아시아의 공원과 정원에 있는 **덤불 속에서** 곤줄박이를 관찰할 수 있어요.

곤줄박이

사진 찍기

새 사진을 찍어서 **앨범에 정리**해보세요. 여러분이 사는 지역의 새들을 잘 알 수 있게 될 거예요. 핸드폰이나 카메라로 사진 찍기를 연습하다 보면, 완벽한 사진을 찍을 수 있을 거예요!

새를 꾸준히 관찰하다 보면 새들의 독특한 습성과 행동 방식이 눈에 띌 거예요. 새를 관찰하는 것은 참 **재미있답니다.**

새 관찰 시작하기

새를 관찰하는 흥미로운 모험에 첫발을 내딛는 것은 굉장히 쉬운 일이랍니다. 새들을 방해하지 않고 멀리서 보려면 쌍안경이 필요해요. 핸드폰과 공책을 가져오면 발견한 내용을 바로 기록해둘 수 있지요. 갑자기 비가 올 때를 대비해 비옷도 챙기세요. 튼튼한 신발을 신어야 한다는 것도 잊지 마세요.

쌍안경

공책과 펜

비옷과 튼튼한 신발

핸드폰

나라를 대표하는 새들

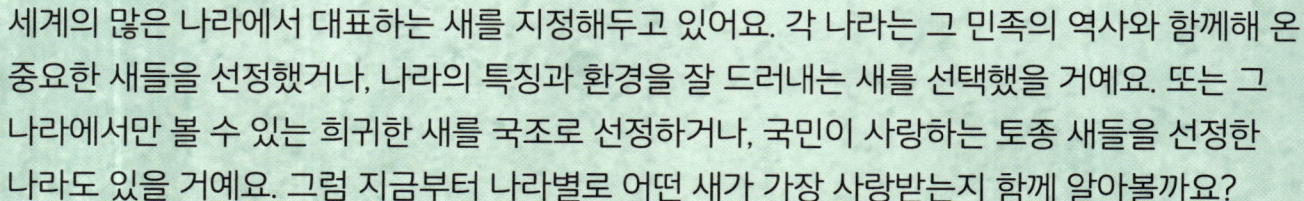

세계의 많은 나라에서 대표하는 새를 지정해두고 있어요. 각 나라는 그 민족의 역사와 함께해 온 중요한 새들을 선정했거나, 나라의 특징과 환경을 잘 드러내는 새를 선택했을 거예요. 또는 그 나라에서만 볼 수 있는 희귀한 새를 국조로 선정하거나, 국민이 사랑하는 토종 새들을 선정한 나라도 있을 거예요. 그럼 지금부터 나라별로 어떤 새가 가장 사랑받는지 함께 알아볼까요?

(비) = 비공식

가이아나 호아친
과테말라 케찰
그레나다 그레나다비둘기
나미비아 아프리카바다수리
나이지리아 검은관두루미
남수단 아프리카바다수리
남아프리카공화국 청두루미
네덜란드 흑꼬리도요
네팔 히말리야 비단꿩
노르웨이 흰가슴물까마귀
뉴질랜드 북섬갈색키위(비)
니카라과 파란눈썹벌잡이새사촌
대한민국 까치(비)
덴마크 혹고니
도미니카공화국 종려나무떠들썩새
도미니카연방 청모자아마존앵무

독일 검독수리(비)
라이베리아 아프리카직박구리
라트비아 알락할미새
루마니아 분홍펠리컨(비)
룩셈부르크 상모솔새
리투아니아 홍부리황새
말레이시아 코뿔새
멕시코 머리깃카라카라
몬세라트(영국령) 몬세라트오리올
몰타 바다직박구리
몽골 세이커매
미국 흰머리수리
미얀마 회색쇠공작(비)
바레인 히말라야직박구리
바하마 쿠바홍학
방글라데시 까치딱새

버뮤다(영국령) 버뮤다슴새
버진아일랜드(미국령) 흰눈썹꿀새
버진아일랜드(영국령) 우는비둘기
베네수엘라 베네수엘라뚜르삐알
벨기에 황조롱이
벨리즈 무지개왕부리새
보네르섬(네덜란드령) 쿠바홍학
보츠와나 아프리카큰느시
볼리비아 안데스콘도르
부탄 큰까마귀
북마리아나제도(미국령)
  마리아나과일비둘기
북한 참매
브라질 붉은배개똥지빠귀
사모아 사모아비둘기
사우디아라비아 세이커매

세이셸 세이셸검은앵무새	**영국**	**콜롬비아** 안데스콘도르
세인트루시아 세인트루시아앵무새	**잉글랜드** 유럽울새(비)	**쿠바** 쿠바비단깃털새
세인트빈센트 그레나딘	**북아일랜드** 댕기물떼새(비)	**태국** 샴꿩
무지개아마존앵무새	**스코틀랜드** 검독수리(비)	**터크스 케이커스 제도(영국령)**
세인트키츠네비스 갈색펠리컨	**웨일스** 붉은솔개(비)	갈색펠리컨
세인트헬레나(영국령)	**오스트레일리아** 에뮤(비)	**터키** 붉은날개지빠귀
세인트헬레나물떼새	**오스트리아** 제비	**트리니다드 토바고**
수리남 작은노랑배딱새	**요르단** 시나이핀치	**트리니다드** 홍따오기
스리랑카 스리랑카실론야계	**우간다** 회색관두루미	**토바고** 루퍼스벤티드차찰라카
스웨덴 대륙검은지빠귀(비)	**이라크** 추카	**파나마** 부채머리수리
스페인 스페인흰죽지수리(비)	**이스라엘** 후투티	**파라과이** 맨살벨버드
싱가포르 크림슨태양조(비)	**이탈리아** 이탈리아참새(비)	**파키스탄** 추카
아랍에미리트 매	**인도** 인도공작	**파푸아뉴기니** 라기아나극락조
아루바(네덜란드령) 갈색목앵무새	**인도네시아** 자바뿔매	**팔라우** 팔라우과일비둘기
아르헨티나 붉은화덕새	**일본** 일본꿩	**팔레스타인** 팔레스타인태양조(비)
아이슬란드 흰매	**자메이카** 가위꼬리벌새	**페루** 안데스바위새
아이티 비단날개새	**잠비아** 아프리카물수리	**폴란드** 흰꼬리수리
아프가니스탄 검독수리	**중국** 두루미(비)	**푸에르토리코(미국령)**
안길라(영국령) 제나이다비둘기	**짐바브웨** 아프리카바다수리	푸에르토리코스핀다리스(비)
안도라 수염수리(비)	**칠레** 안데스콘도르	**프랑스** 갈리아수탉(비)
앙골라 붉은관모부채머리	**카타르** 세이커매	**핀란드** 큰고니(비)
앤티가 바부다 아메리카군함조	**캐나다** 회색어치(비)	**필리핀** 필리핀독수리
에스토니아 제비	**케냐** 분홍가슴파랑새(비)	
에콰도르 안데스콘도르	**케이맨제도(영국령)** 쿠바아마존앵무	
엘살바도르 파란눈썹벌잡이새사촌	**코스타리카** 흙색지빠귀	

용어

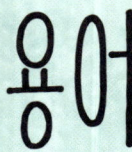

공생관계
서로 다른 생명체가 서로에게 이익을 주면서 살아가는 관계를 공생관계라고 해요.

기후 변화
지구의 평균 온도나 날씨가 변하는 것을 말해요. 자연스럽게 변하기도 하지만, 인간이 만든 공해 등으로도 변할 수 있어요.

깃털
새의 몸에 나는 털이에요.

꽃가루
꽃을 피우는 식물에서 나오는 가루를 말해요.

도시
건물이 밀집된 곳이나 사람들이 많이 사는 큰 마을을 도시라고 해요.

먹이 활동
동물들이 먹잇감을 찾아 나서는 것을 말해요.

멸종
동물이나 식물의 한 종에 속하는 구성원이 모두 죽고 없는 상태를 뜻해요.

멸종 위기
동물이나 식물의 한 종이 지구에서 사라질 위기에 처한 것을 뜻한답니다.

무척추동물
곤충이나 갑각류처럼 등뼈가 없는 동물을 말해요.

벌채
나무를 베어내 숲을 없애는 것을 말해요.

보존
환경과 야생동물을 보호하는 것을 말해요.

부리
새의 턱과 입 주위를 말해요.

사냥감
포식자의 먹이가 되는 동물을 말해요.

사육
동물들을 애완용으로 기르거나 농장에서 기르는 것을 말해요.

새
척추와 부리, 깃털이 있는 온혈동물이에요.

서식지
동물이나 식물이 집 삼아 살아가는 곳을 서식지라고 해요.

솜털
보온 효과가 좋은 부드럽고 폭신한 한 겹의 깃털을 솜털이라고 해요.

야행성
밤에 활동하는 습성을 말해요.

영역
동물들이 자신의 것이라고 여기고 다른 동물들의 침입을 막으려고 애쓰는 범위를 영역이라고 해요.

위장
동물이 주위 환경에 섞여들어 숨는 것을 말해요. 동물의 피부나 털, 깃털의 색이나 패턴이 주위 환경과 비슷할수록 위장에 도움이 된답니다.

육식동물
고기를 먹는 동물을 말해요.

이동
동물들이 계절이 바뀜에 따라, 또는 주기적으로 다른 지역으로 서식지를 옮기는 것을 말해요.

잡식동물
육식과 초식을 함께 하는 동물을 뜻해요.

적응
변화하는 환경에서 더 잘 생존하기 위해 시간이 갈수록 생물의 특징이 변하는 것이 적응이랍니다.

종
특징이 같아서 함께 새끼를 낳을 수 있는 동물들이 모인 무리를 같은 종으로 분류하지요.

진화
시간이 지나면서 생명체가 생존에 도움이 되는 방식으로 변화하고 적응하는 것을 진화라고 해요.

청소부
죽은 동물을 먹고 사는 동물을 청소부에 빗대어 말한답니다.

탈피
새가 자라면서 새끼 때 난 깃털이 빠지고 어른의 깃털과 같은 새 깃털이 나는 것을 말해요.

토종
다른 지역에서 온 종이 아니라 그 지역에서 항상 살아왔던 종을 뜻한답니다.

포식자
살아 있는 동물을 사냥해 먹잇감으로 삼는 동물들을 포식자라고 해요.

품다
알을 깨고 새끼가 나올 때까지 알을 따뜻하게 유지해주는 것을 말한답니다.

찾아보기

갑각류 59
고층 건물 11, 62-63, 75
공기역학적 8, 21
공룡 5, 6-7
공생관계 69
공작 23, 39
과(科) 19
군무 35
극지방 26, 40, 54-55
근육 43
급식대 45, 72-73
기름기 55
기후 변화 55, 71
깃털 6, 8, 9, 13, 23, 25, 28, 33, 38-39, 40, 46, 55, 61
꽁지깃 8, 9, 23, 38, 39

나라를 대표하는 새들 76-77
나무 위에 사는 새 32-33, 75
날개 6, 9, 13, 17, 20, 21, 22, 55
날씨 43
날지 못하는 새 9, 20-21, 25
냉대 숲 53
노래 32, 36-37
노래새 32, 36-37

단물 15, 68
닭 12, 22-23, 66
도시 지역 26, 51, 62-63, 74
독수리 12, 13, 26
둥지 10-11, 31, 54, 56-57, 58, 74
땅굴 11, 12, 56-57
땅속 둥지 51, 56-57

마카우앵무 18, 24, 71
맹금류 15, 26-27
먹이 14-15, 43, 44, 45, 51, 55, 58, 72-72
멸종 7, 21, 49, 65, 71
멸종위기종 23, 70-71
몸집 16, 26
몸체 8
무리 48-49, 61
물 60, 61, 73
물가를 걷는 새 28, 57, 58-59, 62
물갈퀴가 달린 발 28, 59
물고기잡이 15, 30, 58, 67
물새 28-29
민물 서식지 28

바다 서식지 28, 30-31, 49
바닷새 30-31, 69
발가락 32
발톱 6, 13, 14, 44
방어 35, 44-45
배설물 69
번식 42, 43, 53
벌새 9, 12, 15, 16, 68, 73
별 42, 47
보존 70
부리 14, 15, 29, 44, 57, 59
부화 12, 13
비행 8-9, 17
뼈 8
뽐내기 35, 38-39

사냥새 9, 15, 26-27, 67
사냥용 새 22-23
사막 40, 51, 60-61
사막꿩 60-61
사육되는 새 22-23, 66
사진 75
새 관찰하기 74-75
새 먹이통 72
새 욕조 73
새 우리 67
새끼 12-13, 40, 44, 55, 56, 57, 61
새집 62, 72
서식지 21, 26, 28, 33, 40-41, 50-61
서식지의 감소 21, 70, 71
섬 20, 21
속도 17
솜털 13, 55
수각류 6, 7
수분 작용 68
숲 41, 51, 52-53
스티커 73
습지 28, 41, 49, 51
시력 47, 68
심장 43
쌍안경 64, 75
씨앗 퍼트리기 68

알 12, 16, 23, 40, 44, 54, 56, 57
애완용 새 67, 71
앵무새 19, 24-25, 67
야행성 새 25, 46-47
어린 새 10, 12-13, 30, 40, 44, 45, 51, 56
에너지 14, 47

연작류 32-33
열대 숲 52
영역 36, 44
온대 숲 53
올빼미 12, 27, 40, 44, 46, 47, 53, 56
위장 23, 40-41, 46, 61
이동 9, 27, 42-43, 46, 47, 53, 71
이정표 42, 47
인간에 의한 사냥 22-23, 27, 65, 70, 71
인간의 활동 21, 22-23, 30, 37, 55, 65
일하는 새 67

자연보호구역 70
잠 22, 46
잠수 9, 17, 20, 30, 31, 44, 58
잡식동물 14
재주 25
적응 19, 47, 51, 52, 54, 60, 61
절벽 11, 31, 56, 62
정글 23, 24, 26, 32, 41
지붕 62, 74
진화 7, 20, 21
집단 서식 10, 31, 58
짝 35, 36, 38-39

창문 충돌 사고 73
청력 47
청소부 26, 68
최고의 새들 16-17

카운터쉐이딩 54

타조 12, 16, 21

펭귄 9, 17, 20-21, 54-55, 71
폐 36
포식자 20, 26-27, 31, 40, 43, 44, 45, 46, 54, 56
품다 12, 57
플라밍고 48-49

해안 서식지 58-59
해안선 51, 58-59
해충 69
헤엄 9, 17, 20, 21, 28, 54, 55, 59
혈관 55
환경 오염 30, 59
활공 9, 30
힘 16

감사의 글

저희 DK출판사는 교정 작업에 도움을 주신 캐롤라인 투메이 님과 찾아보기를 만들어주신 헬렌 피터 님, 그리고 이미지 작업에 도움을 주신 니라즈 바티아 님과 자그타르 싱 님, 마지막으로 사진 연구를 도와주신 삭시 살루자 님께 감사의 말씀을 전합니다.

이미지 저작권

이 책에 사진을 싣도록 흔쾌히 허락해주신 모든 분들께 감사 인사 전합니다.

(참고: a=above; b=below/bottom; c=centre; f=far; l=left; r=right; t=top)

1 **Dreamstime.com:** Designprintck (background). **2-3 Dreamstime.com:** Designprintck (background). **4-5 Dreamstime.com:** Martin Pelanek. **5 Dreamstime.com:** Designprintck (background). **6 Dorling Kindersley:** Peter Minister (clb). **Dreamstime.com:** Chernetskaya (bl). **7 Dorling Kindersley:** Jerry Young (bc). **Dreamstime.com:** Atman (tr); Jessamine (tr); Svetlana Foote (bl). **8 Getty Images:** 500px Prime / Johnny Kääpä. **9 Alamy Stock Photo:** AGAMI Photo Agency / Dubi Shapiro (cla); blickwinkel / Woike (t); AGAMI Photo Agency / Karel Mauer (cb); All Canada Photos / Tim Zurowski (fcrb). **Depositphotos Inc:** DennisJacobsen (tl). **Dorling Kindersley:** Bill Schmoker (clb). **Dreamstime.com:** Designprintck (background); Kinnon / Woravit Vijitpanya (bl). **Getty Images:** 500Px Plus / Kári Kolbeinsson (tc/gannet); Corbis Documentary / Arthur Morris (cr). **Getty Images / iStock:** E+ / Andyworks (c); OldFulica (cb/condor). **naturepl.com:** 2020VISION / Andy Rouse (crb). **Shutterstock.com:** WesselDP (tl). **10 Alamy Stock Photo:** Minden Pictures / Gerry Ellis (bc). **Dreamstime.com:** Altaoosthuizen (cla); Rainer Lesniewski (t); Nickolay Stanev (bl). **11 123RF.com:** Eric Isselee (cr). **Alamy Stock Photo:** blickwinkel / K. Wothe (tr, tr/eggs); FLPA (br). **Dreamstime.com:** Necati Bahadir Bermek (clb); Douglas Olivares (tl); Andrey Eremin (bc); Isselee (cl). **Shutterstock.com:** Rob Jansen (cla). **SuperStock:** NHPA (cra). **12-13 Dreamstime.com:** Designprintck (background). **13 Alamy Stock Photo:** manjeet & yograj jadeja (t); Nature Picture Library / Hanne & Jens Eriksen (clb); Minden Pictures / Flip de Nooyer (bl). **Dreamstime.com:** Víctor Suárez Naranjo (c). **Getty Images:** Design Pics / Its About Light (crb). **14 123RF.com:** ajt (c); Andrzej Tokarski (bc, clb). **Dorling Kindersley:** E. J. Peiker (moorhen x2). **Dreamstime.com:** Eng101 (cl); Dan Rieck (c); Tom Meaker (bl). **15 Dreamstime.com:** Designprintck (background). **16 Alamy Stock Photo:** robertharding / Michael Nolan (c). **Dreamstime.com:** Joan Egert (cb); Igor Stramyk (cl); Javier Alonso Huerta (crb). **16-17 Dreamstime.com:** Designprintck (b/background). **17 Dreamstime.com:** Sergey Korotkov (c); Julienne Spiteri (cb); Tarpan (ca); Sederi (ca). **FLPA:** (cr). **18-19 Dreamstime.com:** Yongkiet. **19 Dreamstime.com:** Designprintck (background). **20 Alamy Stock Photo:** All Canada Photos / Glenn Bartley (br); Krystyna Szulecka (cla). **Dorling Kindersley:** Will Heap / Peter Warren (clb). **Dreamstime.com:** Jan Martin Will (cr). **20-21 Dreamstime.com:** Designprintck (background). **21 Alamy Stock Photo:** imageBROKER / Erhard Nerger (c); simon margetson travel (cl); imageBROKER / Wilfried Wirth (crb); Nature Picture Library / Tui De Roy (cb/kiwi). **Depositphotos Inc:** imagebrokermicrostock (bc). **Dorling Kindersley:** Cecil Williamson Collection (cb); Natural History Museum, London (cr). **Dreamstime.com:** Steveheap (c/rocks). **22 Alamy Stock Photo:** All Canada Photos / Ron Erwin (cr); Bill Gozansky (clb); Nature Photographers Ltd / Brian E Small (cb). **Dorling Kindersley:** Barrie Watts (grass). **Dreamstime.com:** Vasiliy Vishnevskiy (tr). **22-23 Dreamstime.com:** Designprintck (b/background). **23 Alamy Stock Photo:** Ernie Janes (c). **Dreamstime.com:** Ahkenahmed (tl); Dewins (palm leaves); Mikelane45 (cl); Anne Coatesy (clb); Wrangel (crb). **24 123RF.com:** julinzy (tr). **Alamy Stock Photo:** CTK (cb); Dave Watts (br/rosella). **Dreamstime.com:** Chernetskaya (br); Vaclav Matous (clb). **24-25 Dreamstime.com:** Dewins (tc). **25 123RF.com:** lightwise (jungle background); rodho (bl); Dmitry Pichugin (tl). **Alamy Stock Photo:** blickwinkel / McPHOTO / DIZ (cb); imageBROKER / GTW (bl/parakeet). **Dorling Kindersley:** Mona Dennis (c). **Dreamstime.com:** Dewins (cra); Taweesak Sriwannawit (bc). **Getty Images / iStock:** nmulconray (cl). **26 Alamy Stock Photo:** blickwinkel / McPHOTO / PUM (cr); Estan Cabigas (cla). **Dorling Kindersley:** The National Birds of Prey Centre (br). **27 Alamy Stock Photo:** Biosphoto / Saviero Gatto (bl). **Dreamstime.com:** Altaoosthuizen (cla). **Getty Images / iStock:** Jens_Lambert_Photography (crb). **28 Dorling Kindersley:** Jerry Young (br); Peter Anderson (clb). **Dreamstime.com:** Alfotokunst (cr); Martin Pelanek (cla); Fischer0182 (clb/shoveler); Mikelane45 (bc); Mexrix (sea); Charles Brutlag (tr). **29 Dorling Kindersley:** Jerry Young (bc). **Dreamstime.com:** Dule964 (autumn leaves); Howlewu (tc); Viter8 (b); Paul Reeves (bc). **Fotolia:** Yong Hian Lim (cr/palm trees). **30 123RF.com:** Aleksey Poprugin (blue plastic bag). **Dreamstime.com:** Costasz (blue bottle); Vladvitek (cla); Melonstone (cra); Dalia Kvedaraite (tr); Alfio Scisetti (green bottles x2); Lemusique (plastic bag); Gamjai / Penchan Pumila (yellow cap bottle). **Getty Images / iStock:** mzphoto11 (bc). **31 Alamy Stock Photo:** FLPA (br). **Getty Images / iStock:** Gerald Corsi (tl); mauribo (tc). **32 123RF.com:** Thawat Tanhai (tl). **Depositphotos Inc:** mikelane45 (crb). **Dorling Kindersley:** E. J. Peiker (clb). **Dreamstime.com:** Sandi Culliver (br); Brian Kushner (cl); Paddyman2013 (bl). **33 Dorling Kindersley:** Mike Lane (cb). **Dreamstime.com:** Eng101 (tr); Farinoza (cra); Petar Kremenarov (ca). **naturepl.com:** Daniel Heuclin (crb). **34-35 Getty Images:** AFP / Menahem Kahana. **35 Dreamstime.com:** Atman (b); Designprintck (background); Vasyl Helevachuk (br). **36 Alamy Stock Photo:** FLPA (tl). **Dreamstime.com:** Charles Brutlag (cr); Imogen Warren (tc); Keithpritchard (tr); Kaido Rummel (ct); Volodymyr Kucherenko (br). **37 Dreamstime.com:** Agami Photo Agency (tl); Mikalay Varabey (tl); Hernani Jr Canete (ca); Ken Griffiths (tr); Ruhuntn (cb); Vasyl Helevachuk (br). **38-39 Shutterstock.com:** simibonay. **39 Alamy Stock Photo:** Alessandro Mancini (bc). **Dreamstime.com:** Markus Varesvuo (cr). **Dreamstime.com:** Volodymyr Byrdyak (cra); Iakov Filimonov (br). **40 Dorling Kindersley:** Peter Anderson (stones). **Dreamstime.com:** Agami Photo Agency (crb). **41 Alamy Stock Photo:** imageBROKER / Wilfried Wirth (western_sword fern). **Dreamstime.com:** Frankjoe1815 (crb); Brian Lasenby (l). **42 123RF.com:** Dennis Jacobsen (crb). **Dreamstime.com:** Dennis Jacobsen (cla); Prin Pattawaro (cra). **42-43 Dreamstime.com:** Ruslanchik / Ruslan Nassyrov (background). **43 Dorling Kindersley:** NASA (tr). **Dreamstime.com:** Paul Reeves (bc); Harold Stiver (cr). **44 Dreamstime.com:** Hellmann1 (bc); Isselee (tr). **Getty Images:** Tier Und Naturfotografie J und C Sohns (tl). **naturepl.com:** Alex Mustard (cr). **45 Alamy Stock Photo:** Minden Pictures / Jim Brandenburg (c). **Dreamstime.com:** Linnette Engler (cra); Mikelane45 (cr, bc); Slowmotiongli (crb). **46 Alamy Stock Photo:** Auscape International Pty Ltd / Robert McLean (bl); Biosphoto / Mario Cea Sanchez (cb). **46-47 123RF.com:** citadelle (tb). **47 Dorling Kindersley:** NASA (tr). **Dreamstime.com:** Per Grunditz (clb); Zeytun Images (clb/nightjar). **Getty Images / iStock:** A-Digit (tc); MikeLane45 (ca); Thipwan (br). **48-49 Dreamstime.com:** Davide Guidolin. **50-51 Shutterstock.com:** Wang LiQiang. **51 Dreamstime.com:** Designprintck (background). **52 Alamy Stock Photo:** Nature Picture Library / Konrad Wothe (tc); Nature Picture Library / Luiz Claudio Marigo (cla). **Dreamstime.com:** Cowboy54 (cra); Jocrebbin (tr); Feathercollector (cb); Afonso Farias (crb). **53 Alamy Stock Photo:** FLPA (cb). **Dreamstime.com:** Agami Photo Agency (tl); Imogen Warren (tc); LImckinne (tr); Rinus Baak (ca); Brian Kushner (bc); Simonas Minkevičius (br). **Shutterstock.com:** Agami Photo Agency (cla); MTKhaled mahmud (bl). **54 Dreamstime.com:** Richard Lindie (bc); Graeme Snow (br). **54-55 Dreamstime.com:** Designprintck (background). **Getty Images:** Stone / Rosemary Calvert. **55 Alamy Stock Photo:** China Span / Keren Su (br). **Getty Images / iStock:** Carlos-B (bl). **56 Alamy Stock Photo:** All Canada Photos / Roberta Olenick (bc). **Dorling Kindersley:** Gary Ombler (cr). **Dreamstime.com:** Rinus Baak (tl); Ian Dyball (tr); Ihor Smishko (sand background). **57 Dreamstime.com:** Designprintck (background); Martin Pelanek (t); Mathilde Receveur (bl). **naturepl.com:** Michael Pitts (b). **Shutterstock.com:** Agami Photo Agency (c). **58 Alamy Stock Photo:** Minden Pictures / Buiten-beeld / Otto Plantema (br). **Dorling Kindersley:** Stephen Oliver (clb, clb/pebbles). **Dreamstime.com:** Sue Feldberg (tr); Ihor Smishko (sand background); Ondřej Prosický (tl); Waldemar Knight (cl); Maciej Olszewski (bl). **58-59 Dreamstime.com:** Ruslanchik / Ruslan Nassyrov (background). **59 Dreamstime.com:** Steve Byland (cl); Imogen Warren (bl); Brian Lasenby (cr). **Getty Images / iStock:** Harry Collins (tc). **60 Dreamstime.com:** Agami Photo Agency (br). **naturepl.com:** Hanne & Jens Eriksen (bl). **60-61 Dreamstime.com:** Agami Photo Agency (c). **61 Alamy Stock Photo:** Minden Pictures / BIA / Mathias Schaef. **naturepl.com:** Hanne & Jens Eriksen (cb). **62 123RF.com:** agamiphoto (ca). **Dreamstime.com:** Dennis Jacobsen (bl). **63 Dreamstime.com:** Agami Photo Agency (b); Henry Soesanto (cra); Charles Brutlag (r). **64-65 Getty Images:** Mint Images RF - Oliver Edwards. **65 Dreamstime.com:** Designprintck (background); Michael Truchon (tr). **66 Dreamstime.com:** Sergei Razvodovskij (b); Designprintck (background). **67 Dorling Kindersley:** National Birds of Prey Centre, Gloucestershire (tr). **68 Alamy Stock Photo:** All Canada Photos / Glenn Bartley (tr); Minden Pictures / BIA / Jan Wegener (tl). **Dreamstime.com:** Steve Byland (br); Isselee (bl). **69 Alamy Stock Photo:** All Canada Photos / Jared Hobbs (cla); Design Pics Inc / David Ponton (c); Dave Keightley (br). **Getty Images / iStock:** Angelika (r). **70 123RF.com:** Thawat Tanhai (c). **Dreamstime.com:** Chamnan Phanthong (cra). **71 Dreamstime.com:** Gentoomultimedia (cra); Yezhenliang (tc); Aris Triyono (br); (null) (null) (bc). **72 Dorling Kindersley:** Natural History Museum, London (cb). **Dreamstime.com:** Steve Byland (fcra); Nfransua (cra); Elena Schweitzer (ca). **74 Dreamstime.com:** Marcobarone (c); Stuartan (tl). **75 Dreamstime.com:** Agami Photo Agency (c, cb); Michael Truchon (cl). **80 Dreamstime.com:** Designprintck (background).

Cover images: *Front:* **Dorling Kindersley:** E.J. Peiker (tr); **Dreamstime.com:** Assoonas (kingfisher), Astrid228 / Astrid Gast (crb), Atman (t) / (chestnut leaf x2), Svetlana Foote (jay), Jessamine (clb), Mikelane45 (bl); **Fotolia:** Eric Isselee (owl); **Getty Images / iStock:** PrinPrince (yellow bird). *Back:* **123RF.com:** Keith Levit (clb); **Dorling Kindersley:** Jerry Young (b); **Asherita Viajera:** (tl). *Spine:* **Dreamstime.com:** Astrid228 / Astrid Gast (t) / (hinduracke).

All other images © Dorling Kindersley

For further information see: www.dkimages.com

그림 작가 소개

클레어 매켈패트릭은 프리랜서 화가다. 아동 도서 작업을 하기 전에는 그림 연하장을 그렸다. 콜라주 방식으로 손수 그린 그림은 영국 시골에 있는 자신의 집에서 영감을 받아 그렸다.

그린 책으로 『바다가 궁금해!』, 『벌레가 궁금해!』, 『나무가 궁금해!』가 있다.